JN231723

7 Days Journal
for Self-Awareness and Mental Toughness

人生最強の自分に出会う 7日間ノート

超一流のメンタルをつくる
感情整理プログラム

Miyako Tanaka-Oulevey
田中ウルヴェ京

本書は２０１３年に株式会社秀和システムより刊行された『人生最強の自分に出会える 感情ノート』を
改題、判型を新たにし、大幅に編集・加筆した改訂版です。

はじめに

こんにちは、田中ウルヴェ京です。

本書は、私がさまざまなクライアントとのメンタルトレーニングで使っている「感情整理ノート」を基本としています。

このノートの目的は、自分の本当の感情を書き出し、その感情に紐づいている「自分の隠れたメンタル」をさらけ出し、そこから「最強の自分」をつくっていくことにあります。

感情を書き出すことで、なぜ〝最強の自分をつくる〟ことができるのでしょうか。理論背景は次のようなことです。

❶感情を書き出すこと（感情の言語化）でストレスが軽減することが研究で明らかになっている

❷素直な感情を書き出せるようになると、どんなプレッシャーや逆境がきても、「課題解決行動」に集中できるようになることが研究で明らかになっている

❸自分の感情を認められるようになると、ストレスがあればあるほど、やる気が出たり、自信がつくようになることが研究で明らかになっている

トップアスリートは、五輪やW杯といった大本番で、「動じない心」でいることが重要です。どんなハプニングがあっても、どんなに最悪の審判であろうと、怪我をするなど最悪のトラブルがあろうと、「まったく動じない」ことが大事なわけです。

とはいえ、どんな一流のアスリートでも、生身の人間です。「動じる」わけです。

人間は「大切なことであればあるほど、動じる」ので、メンタルトレーニングでは、「動じない」ようになるために、まずは、「動じる自分を知る」ことです。

「どんなときに、どんな感情によって自分が動じるか」に細かく気づき、一つひとつの感情を整理し、解決行動を準備しておく——そのためのツールが、本ノートです。

この感情整理ノートでは、5ページで紹介するような感情の分類などを参考にしつつ、「自分の感情を書き出す」練習をしていきます。

感情のマトリックス

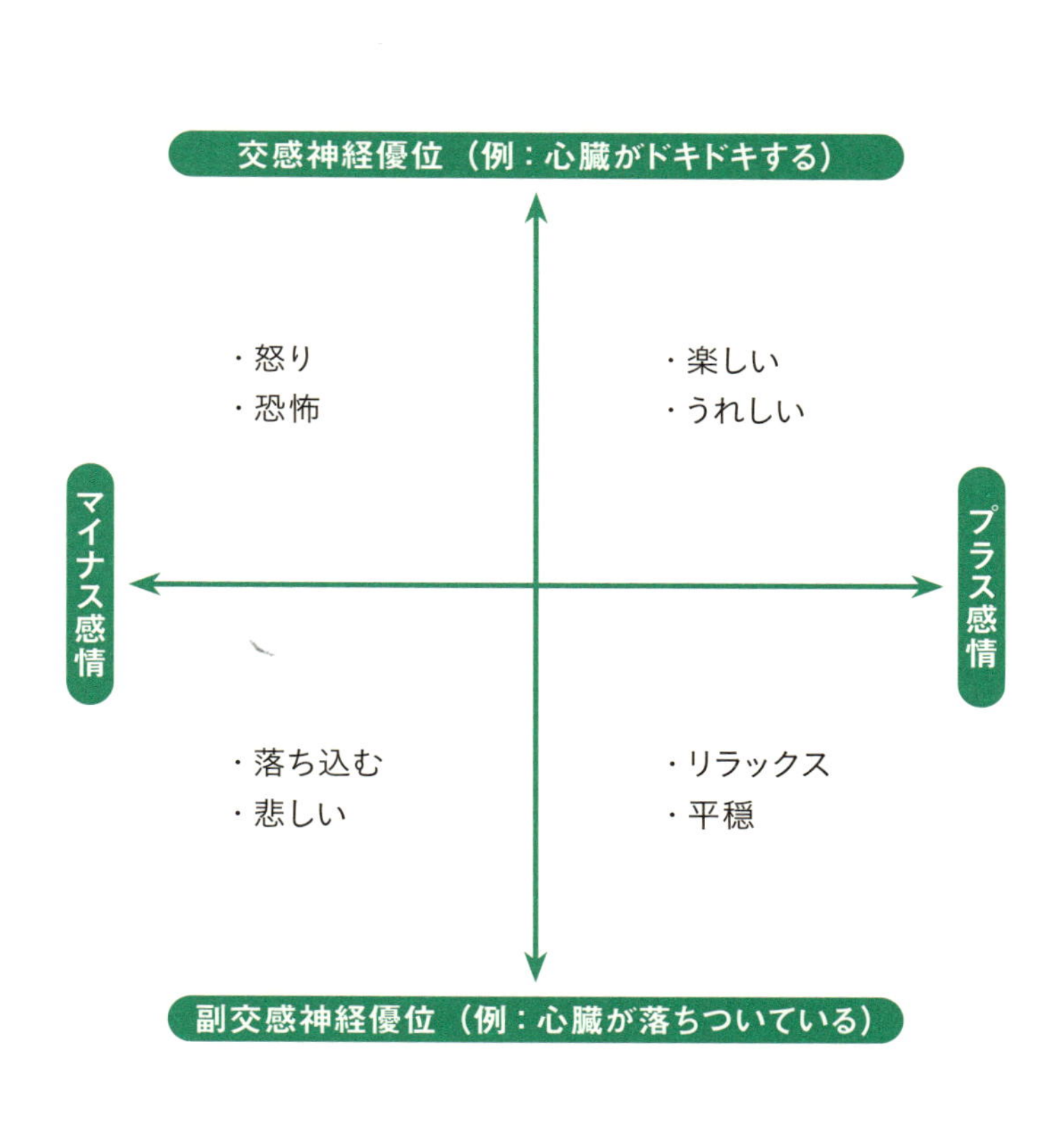

※このマトリックスは、ラッセルの次元理論を簡略化したものです。

感情整理ノートは、次のような方々が、それぞれの異なる目的で使用しています。

- 超一流を目指すトップアスリートが、五輪やW杯に向けて、プレッシャーや緊張といった感情を整理して平常心をつくっていくため
- 医師や研究者が、仕事のストレスによる焦りや疲労といった感情をマネジメントして自分の専門性を高めていくため
- 経営者やビジネスリーダーが、怒りや不安といった感情整理を学び、チームの生産性を上げるため
- 若手起業家が、「自分の本当の感情に気づく練習」によって自分軸をつくるため。また、自分ならではの「根拠ある自信」をつくるため

本ノートでは、7日間で本当の自分の感情をさらけ出すことをしていきます。それによって今のあなたが本当に抱えている問題を整理し、問題を解決する糸口を見つけ、そして今後の自分の方向性をつくっていくことが可能となります。

7日間のプログラムなので、まずは集中して1週間やっていただきたいのですが、その後も継続したい人は、巻末の書き込みシートをコピーして毎週続けてください。継続すればするだけ効果を実感できると思います。

本ノートを実践するうえで大事なのは、「本当の気持ちを書くこと」。それぞれのワークにしたがい、本当の自分にしっかり向き合って、本音を書いてみてください。最初は本音を書くことに抵抗を感じる方もいます。そんなときはノートの余白に、「なぜ抵抗を感じるかというと…」などと、「書けない自分」について書いてみることをお勧めします。「本当の自分」を書いていくうちに、それまでは無意識だったいろいろな想いが溢れ出てくることもあります。ぜひその想いを書き続け、ノートに残しておきましょう。メンタルトレーニングでは「書く」という作業こそ大事です。「本当の自分」を書き続けるだけで、あなたの人生は、「何も変わっていないのに」劇的に変わります。

本ノートと共に過ごす1週間が、あなたの人生の素晴らしい大転機となりますように。

田中ウルヴェ京

2018年9月

実践！ 7日間プログラム

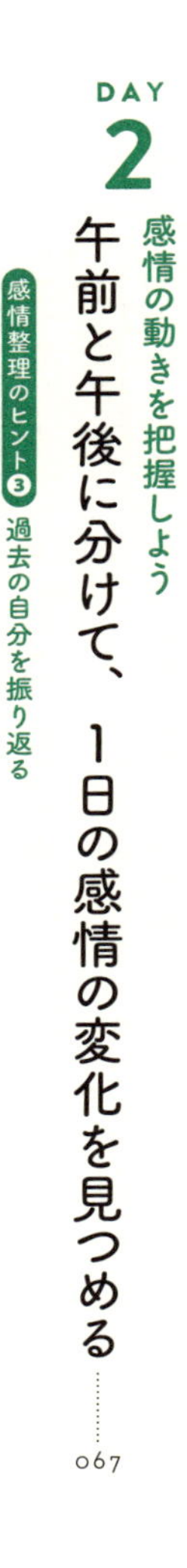

DAY 2

感情の動きを把握しよう

午前と午後に分けて、1日の感情の変化を見つめる

DAY 3

俯瞰の視点を持とう

自分とは違う考えの他人の感情をイメージする

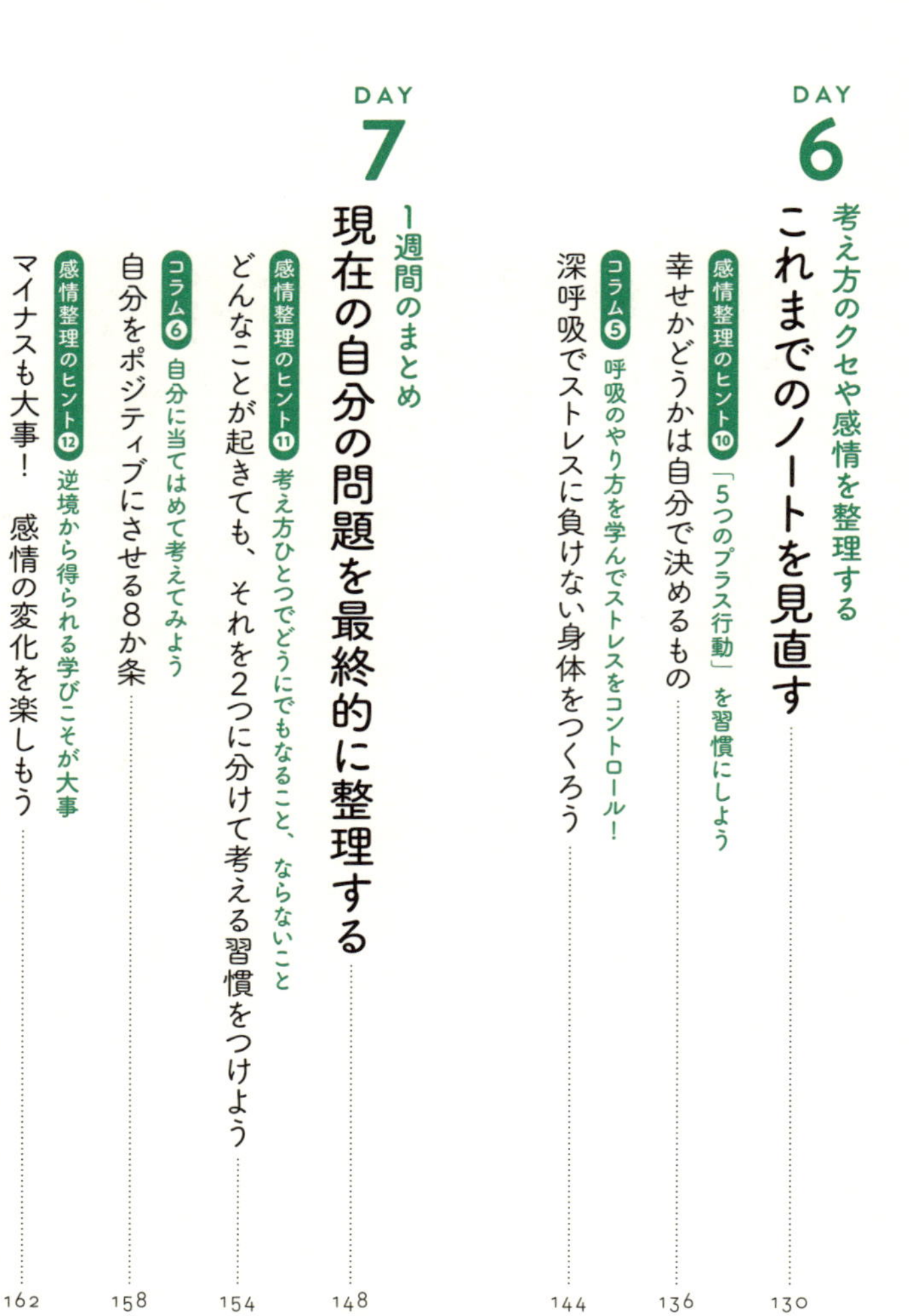

振り返り

今後の自分と向き合おう

準備編

あなたのストレスの正体を知ろう

自分のストレスに気づけることが、強いメンタルへの第一歩！
ストレスがあるからこそ、あなたはもっと伸びることができるのです。

今、自分が感じている問題を書き出してみる

あなたのストレスの正体は何か

これまであなたは、何かに悩んだとき、どうしていましたか？　人に相談していた？　それとも「悩んでもしょうがないから忘れちゃおう！」と、お酒を飲んだりして気晴らしをしていたでしょうか？

本来、どんな問題でも重要なのは、「解決すること」です。そして、解決するために必要なのは、そもそも何が問題のきっかけなのかという根本を明確にすることです。

これは、文章にすると当たり前のことのように聞こえるかもしれませんが、多くの人が、目の前に問題が起きてもそれを解決しようとせず、他人から「気にしない、気にしない」

と言われて終わりにしたり、悩んでもしょうがないとあきらめたりして、結局、根本的な問題は、何年もずっと放りっぱなしにし続けているのです。

もしあなたが今の仕事に不満を持っているのなら、「具体的に何が不満なのか?」を明確にしなければいけません。また、もしあなたが何かに挑戦しようとしていて、「今の自分ではダメだ、もっとメンタルを強くしたい!」と思っているのなら、今のあなたに足りないことは何で、あなたにとって理想の「強いメンタル」とは何を指すのかを明確にする必要があります。

メンタルトレーニングでは、こういった「自分の考えていることを整理する」作業から根本原因を把握し、問題を解決したり、新たな目標を設定したりしていきます。その考えの整理として、一番簡単で有効なのが、「自分で書く」という作業です。

「いやいや、書いたって解決しないよ。私の問題はそんな簡単なことじゃないんだから」。そうおっしゃる方もいます。

たとえば、あなたに計算問題を出したとします。2×2が4であることは、書かなくても答えられますが、では、1460×567の場合、どうやって答えるでしょう？　おそらく紙に計算を書いて答えを出すのではないでしょうか。つまり、今あなたが抱えている問題が「簡単なことじゃない」からこそ、あえて書くことが解決へと導くのです。

今の自分に何が起きているかをひたすら書くと、忘れていた過去が徐々に思い出されてきて、「そうだった、そもそもこの問題には伏線があって…」というように、過去から連なる問題の根源が見えてきたりします。

どんな考えも気持ちも、間違っているものなどひとつもありません。ぜひ、【本当の自分が今、何を考え、何を感じているか】を、19〜20ページのノートに書き出していきましょう。

NOTE

「今のあなた」が良くなるために解決したい問題は何？

ひたすら箇条書きで、思いつくままに書いてみましょう。

例）直属の上司との人間関係、自分の今後の進路、大事な試験に落ちたのでこの先どうしたらいいかわからない、新しい挑戦に不安を感じている、今の自分ではメンタルが弱くて困っている……など

・

・

・

・

・

・

・

・

考えを整理することが、強いメンタルへの第一歩

書き出した「今の自分の状況」を読み返してみる

19〜20ページで思いつくままに書いたものを見直してみましょう。一度客観的に見て、もし書き足りないことがあれば、さらに書き出してみてください。

「よし、これでとりあえず、自分の今の状況を書き出すことができたかな」と思ったら、ここでもう一度、ノートをじっくり眺めてみましょう。

あなたの今の状況、そして心の状態はどんな様子ですか？　何に対して疲れていますか？　その原因はわかっていますか？　それとも理由がわからず、ただただ不安な状態でしょうか？　イラついていたり、悲しかったりしていますか？

問題なのは人間関係ですか？　それとも自分自身についてのイラ立ちですか？

準備
DAY1
DAY2
DAY3
DAY4
DAY5
DAY6
DAY7
振り返り

あなた自身が書いたメモではありますが、読み返すという作業は、客観的な思考をはたらかせるので、ちょっと違った視点から自分自身を見ることができます。

ここでどんな反応をするかは、人それぞれ。大きく分けるならこんなタイプです。

❶ちょっと驚いた様子で「あれ、思っていたよりもひどい状況じゃないな」と言って、書いただけでもスッキリする人
❷思わず苦笑しながら、「はあ、私って、疲れているんですね…」と客観的に自己分析する人
❸書くことによって、ますます落ち込んでいく人

どうでしょう？　あなたは今、自分のメモを読み返してみて、どんな気分ですか？

ここで❷か❸のような気分になったという人は、まず、そんな苦しい状況の中でも自分を見つめるというワークに取りかかっている自分を、「よくやった！」と認めましょう。

それはなぜか。

実は、「自分で自分の悩みを解決する」という行動は、とても勇気のいることだからです。しかも、「本当の自分を見つめて、確実に問題を解決する」という作業の中では、「認めたくない自分」という部分も出てくるからです。

ですが、この感情整理ノートを乗り越えると、必ず、何事にも対処できる自分オリジナルの「逆境対処能力」を養うことができます。目の前の問題を解決でき、理想への目標設定も明確になります。


ぜひ、本当の自分が望む素晴らしいゴールを目指して、自分自身を励ましながら進んでいきましょう。

NOTE

今の自分の現状を整理しよう

19〜20ページで書き出したものを以下の質問にしたがって、まとめていきましょう。

質問

今の状況のそもそもの「きっかけ」は何でしたか？　思い出せる範囲でかまいませんので、最初のきっかけとなる出来事を思い出してください。

例）・そもそも、今の上司に変わってからすべてが変わった（前の上司は良かったが、今の上司とは性格が合わないと感じている）
・きっかけは明らか。自分が失敗をしてしまった、部署に迷惑をかけた
・自分は誰からも信用されていないと感じるだけなので、きっかけなんてない。でも強いて挙げるなら、先輩の〇〇さんから「△△△」と言われると、「やっぱり信用されていないんだ」って思ったりする

質問

その原因に対して、あなたはどのような感情を持っていますか？

例）・不安、毎日緊張している
・疲弊している、この先どうしたらいいかわからないので焦っている
・憂うつ、悲しい、がんばっても報われない感じ

質問

現在のあなたの身体的な状況は、どのような状態ですか？

例）・肩こりがひどい　・緊張すると食欲がなくなる
・別に身体的には何も問題はない

ストレスは、整理することで解決できる

問題を「原因」と「反応」に仕分けしてみる

24～25ページで行ったワークの目的は、「今のあなたの心の中では、いったい何が起きているのか？」を、具体的に整理していくことでした。

ん？　「整理」？　整理ってどういう意味でしょう？

ここで簡単に、「そもそも、私たちのストレスはどうやって生まれてきたのか」について説明しましょう。

私たちが嫌な気分になったりストレスを感じたりするのは、突然のことではありません。嫌な気分やストレスは、「何らかの原因、きっかけ」があって発生します。

たとえば、

❶「上司に怒られたので」（原因、きっかけ）→落ち込む（反応）
❷「大きなプロジェクトで失敗してしまったので」（原因、きっかけ）→自信をなくす（反応）
❸「渋滞にはまってしまったので」（原因、きっかけ）→イラつく（反応）
❹「友人に陰口を叩かれているのを知ったので」（原因、きっかけ）→悲しい（反応）

というように、ストレスには原因があって、反応があります。そして、それらの一つひとつのきっかけは些細なことなのですが、それが日々の中で複数重なってくると、「何に悩んでいるのかわからなくなる」という悶々としたストレスにもつながっていきます。

悩んでいるときに必要なことは、「その悩みの、そもそもの原因」と、そして、「今、その原因に対して感じている自分の感情」に正直になることです。

24〜25ページのワークはそれが目的でしたが、このワークには得手不得手があります。

今悩んでいる事柄に対しての「原因」と、その原因に対しての自分の「反応」をすぐに書けたという人もいれば、一方で、ワークの質問を見て、「は？　何をやればいいのか、さっぱりわからない」という方も少なからずいらっしゃると思います。

どちらが良いとか悪いということはありません。たんに、こういった自分への問いかけをこれまでにやってきた経験があるかどうかだけの差です。

24〜25ページのワークで「原因」と「反応」を導き出すのが難しかったという方は、ウォームアップとして、29ページで練習してみましょう。この練習こそが、感情整理ノートを7日間で完成させるための土台になっていきます。

「原因」と「反応」を理解するための練習

以下の❶〜❿は、社会人に通常よくありがちな「ストレスになりうる原因」です。これらを見て、あなただったらどんな反応を感じるか、下記にあるさまざまな「反応」を参考に、線で結んでいきましょう。もしもあなたの感情反応に当てはまらないと感じたら、反応例の一番下の空欄に、自分に適切だと思う反応例を書いてみましょう。

原因例
❶部署のみんなの前で上司にこっぴどく怒られた
❷首都高速に乗ったとたんに渋滞にはまった
❸家に帰ろうとしたら、上司に呼び止められ残業を命じられた
❹大事なプロジェクトが自分のせいでダメになった
❺来週までにA4用紙50枚のレポートを書かなければならない
❻週末にどうしても受かりたい資格試験がある
❼大勢の前でスピーチをすることになった
❽満員電車の中でマナーの悪い学生がいた
❾道を歩いていたら前から大声で叫んでいる不審者が向かってきた
❿付き合っていた異性に別れたいと言われた

反応例
悲しい
イラつく
落ち込む
空しい
嫌悪感
傷つく
焦る
不安になる
緊張する

準備
DAY 1
DAY 2
DAY 3
DAY 4
DAY 5
DAY 6
DAY 7
振り返り

準備4

自分の感情に正解も間違いもない
「今の自分がどんな感情を持っているか」に気づく

さて、29ページのワークをやってみて、どうでしたか？

このワークを企業研修などで行うと、感想はさまざまです。

「これまで物事を原因と反応に分けて考えたことがなかったので、最初はとまどったけど、自分の感情の特徴が見えた」

「イラついていることが多いことがわかって、妙に納得した」

「学校の国語の授業のようで楽しかった」

このように、「淡々とした気づき」「快感」というプラス感情のコメントをする方。

「何をやっているのか見えないので不安」

「原因に対しての反応を考えると、どれも当てはまり、自分はどんな原因に対しても、複数のマイナス反応を感じていることがわかってしまったので、落ち込む」

このように、「不安」「自信喪失」といったマイナス感情を感じ取れるコメントをする方。


「自分には、別に反応なんてない！　どんな原因も大したことではないし、こんなくだらない原因で反応が出る人なんていないだろう！」

「こんなことをやっても無意味。反応がわかっても問題は解決しない」

というような、同じマイナス感情でも、「怒り」の感情を感じ取れるコメントをする方など、さまざまです。


また、不安や怒りといったマイナス感情が心の中にある場合でも、そもそも自分自身の素直な感情に気づけない、あるいは認めたくない場合は、「別に……反応なんて、ありませんけど……？」と無関心な感情を示す方もいます。

このように書くと必ず、「どの状態が正解ですか？」「やっぱり、なんでもポジティブにとらえるべきですか？」という質問が出てきます。

自分の感情というものに、正しいも間違いもありません。

どんな原因のときに落ち込もうと怒ろうと、どんなときに楽しもうと喜ぼうと、「こういう感情を持っているべき」といった基準はありません。だから、この原因と反応を書く練習をするときも、どういった感情になることが正しいかは、当然ありません。

大事なのは、「今のあなたが、どんな感情を持っているか、どういう感情には気づきにくいか、ということにあなたが気づくこと」。正直に、自分の感情を敏感に察知する習慣を持とうと決めることです。

思考プロセスには人それぞれパターンがある
自分にありがちな「考え方のクセ」を知る

もしあなたが、「自分の感情を正直に感じること」をなかなかできなくなっているとしたら、それは、「今が悩んでいる状態」ということです。心身が疲れているときは、あまりに「ストレスを感じる出来事＝原因」が多すぎて、原因そのものを整理するだけでもうんざりしたりします。

また、それぞれの原因について、「反応がマイナスなものばかりだ」と無意識にでもわかっていれば、当然、そのことに気づくのはストレスなので、何も考えたくないという気持ちにもなります。このような「逃げたくなる感覚」は、変な言い方かもしれませんが、とても健全なことです。マゾじゃあるまいし、痛いとわかっていることに、わざわざ向かっていきたくないのは当たり前ですよね。

では、なぜ、そんな逃げたいほど嫌なことを書くことが大事なのでしょうか？　それはひとえに、そこに大事な問題解決のカギが潜んでいるからです。そのカギは、「原因」と「反応」を繰り返し書き続けていく中で出てきます。

さまざまな原因に対し、どんな感情を自分は持っているかを書き続けると、あなたは、こんな気づきをするでしょう。

「あれ？　同じ原因でも、毎度、同じ反応が出るわけではないんだな」

たとえば、「上司にミスを指摘された」という原因に対して、ときによって「イラつく」日もあれば、「落ち込む」日もあるな、というように……。

言われてみれば当たり前と思われるかもしれませんが、同じ原因なのに、ときによって反応が違うのはなぜなのでしょうか。

実は、私たちは、つい「何か（原因）のせいで、さまざまなマイナス反応が出る」と思ってしまいがちですが、そうではないのです。つまり、「上司にミスを指摘されたせいで」イラついているわけでも、落ち込んでいるわけでもないのです。

私たちの反応はどれも、「原因」のせいでそうなるのではなく、その原因を「どうとらえるか」という、**人それぞれが持っている「考え方のクセ」という思考フィルターこそが、私たちをイラつかせたり、落ち込ませたりしているのです！**

ここは大事な部分ですので、36ページの図を参照して、自分にありそうな「考え方のクセ」を37ページに書き出していきましょう。

NOTE

ストレス発生過程の図式

原因

考え方のクセ（思考フィルター）

【Aさんの場合】

自分のミスなのは事実だが、その怒り方はないだろう！ もっと上司なら優しく指導をするべきだ！

【Bさんの場合】

どうせ嫌われているんだろう。もう解雇かもしれない

【Cさんの場合】

怒ってくれるということは、それだけ自分に伸びしろがあるのかもしれない

イラつく

落ち込む

冷静

さて、あなたは、「上司にミスを指摘された」という状況設定で、どんな考え方のクセがありそうですか？　そして、どんな反応が出る可能性がありますか？　考えてみましょう。

原因　上司にミスを指摘された

↓

クセ　自分にありそうな考え方のクセ

反応　自分にありそうな反応

NOTE

ここまでのおさらい

ここまでの内容を整理しておきます。
確認をしてから、次に進んでいきましょう。

❶今の自分の悩んでいる状態を、どんな書き方でもいいから、書き出してみる。（19〜20ページ）

❷書いたものを見ながら、その悩みの、そもそもの原因は何だったのか？ そして、今、それぞれの原因に対して、どういう感情の反応を自分は抱いているのかを整理してみる。（24〜25ページ）

❸❷がうまくできない場合は、原因と反応について書き出せるようになるウォームアップ練習を行う。（29ページ）

❹もし、今この段階で、原因と反応についてしっかり書けなくても大丈夫！ 書けない自分を知ることは「本当の心の奥底に隠れている素の素晴らしい自分」を知るきっかけに過ぎない。まずは、素直に自分の感情に向き合う練習をこれから感情整理ノートでしようと決めて、次に進む。

❺ここまでを読み終わって、自分について気づいたことをメモしておきましょう。

準備
DAY 1
DAY 2
DAY 3
DAY 4
DAY 5
DAY 6
DAY 7
振り返り

感情整理ノートで自分自身とゆっくり向き合う

あなたが今思う〝本当の自分〟は、まだ本当のあなたではない

さて、ここまで偉そうに「感情に気づきましょう！」と書いてきた自分ですが、何を隠そう、そんな私にも、自分の感情と素直に向き合えない時期がありました。

少しだけ、私の経験をお話しさせてください。

私は、１９８８年ソウル五輪のシンクロナイズドスイミング競技デュエットで銅メダルをとった元オリンピック選手です。

現役選手時代、そのときからすでに私は、日々の感情や思考を練習日記に書き続けていました。そのことがメンタルトレーニングの基礎であったことはまったく知らずに、自分の感情や悩みなどいろいろなことを、ノートにただただ書きつらねていたのです。

その行動は実は「自分と向き合う」というメンタルトレーニングであり、「感情を整理する手法」であったことは、のちに知りました。


私はなぜ現役選手時代に、そんな日記を書いていたのでしょう?

「いつか五輪に出て、メダリストになる!」という明確な目標があったからです。

常に自分と向き合うことの大切さを感じていた私は、練習日記を通じて、緊張やプレッシャーを感じる自分を必死に整理していたわけです。


しかし、五輪でメダルを獲得し、競技引退をしてからは、まったくそれをやらなくなりました。

それはなぜでしょうか。

当時の自分は、「もうメダリストという肩書きを得たから、今後は、どういう未来が待っているのかなあ」という、いたって受動的な状態になっていたからです。

準備
DAY 1
DAY 2
DAY 3
DAY 4
DAY 5
DAY 6
DAY 7
振り返り

それでも、五輪直後の数年は、なんとなく周囲がチヤホヤしてくださいますし、なんとなくニコニコしていれば、自分の人生がうまくいくように感じていました。

しかし、やがて周囲のチヤホヤも過ぎ、少しずつ、「あれ、そもそも自分の人生って、競技引退後のほうが長いんだなあ」と気づき始めます。

そりゃそうです。私の場合は、大学4年生でメダルを獲得して引退したわけですから、普通の学生であれば、「これから社会人」というときです。それなのに私の中では、「もう人生での偉業を達成した感」が満載でした。

「偉業を達成した」と思っているわけですから、「周囲の普通の人と自分は違う」というエゴもあります（笑）

それなのに、企業に就職して仕事をしてみると、まあ、仕事が全然できない自分がいる。ろくにコピーもろくにとれない、役立たずの「新入社員の自分」がいるわけです。

そこで、焦ったり、緊張したり、能力のない自分にイラついたりといった感情が、本当はあるはずなのに、「それに気づきたくない」。

さらに、「競技引退後の人生は、どういう人生であることが成功なんだろうか」と思い始めたら、人生そのものにも不安を感じてきます。

でも、そんなマイナス感情に気づいてしまったら、メダリストとしてふさわしくない！自分はメンタルの強い人間であるはずだ！という意味不明な「根性」を使って、「弱い自分」を必死に、自分自身にすら隠している20代でした。

そんなときに、アメリカに行き、英語を一から学び、少しずつ目標を見つけ、アメリカの大学院でスポーツ心理学を学び始めた頃に、「自分の感情に気づく」ことの重要さを、あらためて知るようになります。

最初は、「私のような強い人間には、マイナスの感情など存在しない」と決めていたので、なかなか本当の自分に気づくことができませんでした。

自分は、イラついたり、焦ったり、落ち込むような、みっともない人間ではない——そう信じることで、必死に、自分の心の中にある「本当の問題」に気づかないようにしていたのだと思います。

当時の私の「問題」は、「素の自分を認める」ことができないという、その一点にありました。

弱い自分を認めたくない。
すぐ他人と自分を比べる自分を認めたくない。
誰にでも認めてもらいたいと思う「八方美人な自分」を認めたくない。

本当の感情と向き合うなんて絶対に嫌だったのですが、少しずつ、本当に少しずつ、自分の感情をノートに書き出していくと、少しずつですが、しかし確実に、いろいろなことが解決し始めました。
そうすると、自分の内面からも少しずつ自信の種が増えていきました。

感情整理ノートは、「本当のあなた」を書き出すノートです。

本当のあなたとは何か。

それは、「今のあなた」ではありません。

今のあなたが思っている「本当の自分」という「自己像」には、あなたがこれまでの人生で培ってきてしまったたくさんの「勝手な思い込み」という鎧（よろい）が何重にも重なっているのです。

ぜひ、この7日間でその鎧をゆっくりと脱いで、本当の魅力的なあなたをつくりましょう。

感情整理ノートの目的

1	**自分の感情と向き合う**	今の自分の心の中がどのような状態になっているのかを整理するために、自分の感情と原因に向き合う練習をする。
2	**問題は何かを理解する**	感情に気づく練習を積み重ねることで、「解決しなければいけない問題は何か?」が具体的に理解できるようになる。
3	**思考の根本を見直し、予防する**	根源的に、自分自身が問題を抱えやすい理由は何かを理解し、今後の自分が無用な問題を抱え込まないように、予防できるようにする。

感情整理ノート5つのステップ

ノートには、1日を振り返って感じたことを書いていくので、1日の終わりに、自分が落ちつける静かな場所で書く習慣をつけることをおススメします。

1　1日を振り返り、自分が今日感じた感情を素直に書きましょう。

2　次に、その感情になった原因を考え、書きましょう。

3　次に、なぜそう感じたのか？　原因をどうとらえたのか？を考えて書きましょう。

4　まずは❸までを繰り返し書いていきますが、できれば最後にその日1日を振り返って、自分を励ます言葉を右端に書いていきましょう（自分を励ます言葉については、80ページで詳しく説明します）。

5　感情と原因を7日間書き続けると同時に、それぞれの日によって、さまざまなステップをつくっています。それにしたがって、ノートを進めていってください。

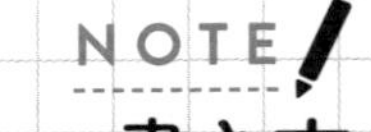

感情整理ノートの書き方

感情整理ノートは､1日1回、所要時間はだいたい5〜10分程度を目安に、できれば夜寝る前に、自分が落ちつける場所で、その日にあった出来事を思い返して書きます。

あまり形式にこだわらず、自分の感じたことをひたすら書くことが大事ですが、基本的に書いてほしい情報は、49ページのようになります。


最初は、なかなかすべての箇所に書くことができない方もおられます。

まずは、「今日の感情」と「原因」だけでも、書き留めてみましょう。

また、ひとつのところにたくさん書いていってもかまいません。


たくさんの感情が溢れ出るのであれば、その感情をすべて書き込みましょう。

また、いろいろな原因があると思われるときは、その原因をすべて書き出してみましょう。


感情整理ノートでは、7日間、日々の感情を書きながら、今、自分が抱えている問題を解決していくステップを同時進行していきます。

ぜひ、1日ごと、それぞれ順番に書き進めていきましょう。

●記入例

日付	6月8日（水）	6月9日（木）
今日の感情	落ち込む	嬉しい
原因	大事な仕事でミスをしてしまって、部署全員に迷惑をかけた。	思いがけず、高校の友人に出会った。
なぜそう感じたのか？ 原因をどうとらえたのか？	だって、自分のミスだし。やってはいけないことをやってしまった。誰のせいにもできない。	友人も今、転職してがんばっているんだと聞いて、励まされた。偶然に会えて良かった。
自分を励ます言葉	失敗は誰でもする。終わってしまったことだ。ここから学ぶしかない。そう思おう。	久しぶりでも友人と会うと気持ちがホッとする。仲間っていいなと改めて思った。

ノートを書き続けた実例❶

自分を客観視することで、思考が変化した

坂根　健さん　35歳（仮名）

感情整理ノートを実際に書いた方々の実体験を二例紹介します。最初の坂根さんは、感情整理ノートによって日々のストレスを軽減させせただけでなく、「生き方」そのものに大事な姿勢をご自身で発見されました。

私は金融機関に勤めるビジネスマンです。扱う「商品」が目に見えず、匂いもなく、触ることもできないので、営業する自分自身のメンタルが大きく影響する仕事です。

少しでも仕事に良い影響を与えられたらと思い、「感情整理ノート」を書き始めました。

正直言って、これを始めたら何かすぐに結果に結びつくイメージはありませんでした。しかし、自分自身に何か発見はあると思い、半分騙された気持ちで始めました（笑）

最初はイキイキ始めましたが、日記と一緒（三日坊主）で4日目には感情整理ノートを書くことがストレスになってきました。しかし、これは誰のためでもなく、自分のために始めたことなので、無理に課することはやめて書かない日もありました。

書かない自分が少し嫌になったり、投げやりにも

なりましたが、今度は逆にそんな気持ちや感情をノートに書きました。

「ちょっと気分がいい」

「理由はわからないが悶々としている」

「すごく充実！　明日もがんばろう！」

「今日はイライラしっぱなしだ……」

そんな自分の感情を書き出し、アウトプットすることで、少しずつですが新たな発見ができました。

それは……

自分自身の感情を「観察」することで、自分を客観的に見るようになったのです。

たとえば、

「あー、イライラしている。こんなことでイライラしている自分がいる」

「充実感があるのは、自分でこんなことができたからだ」

「何か悶々としているが、胃のあたりがモヤモヤしている」

とアウトプットしながら観察を深めると、イライラの理由が小さなことに感じたり、モヤモヤ感が消えてきたりしました。

大切なのは自分自身を否定しないで、ただ、ただ「観察」するだけ。

ビジネスにおいてはもちろん、家庭や友人関係でも、とても楽になりました。

おそらく、変な意地を張らなくてよくなったからだと思います。

人生はまだまだ長く続くので、今後も自分のために観察してみようと思います。

ノートを
書き続けた
実例❷

書くことで、今まで気づかなかった自分を発見！

お二人目の鈴木さんは、さまざまな問題を抱えていたところで、感情整理ノートを始めました。そして、ノートを進めるうちに、日々のストレスを解消するだけでなく、根本的な自分自身に対して大きな発見をしました。

鈴木和子さん　32歳（仮名）

私は営業部のリーダーです。日々「人を動かす」ことの難しさを痛感しています。自分が良かれと思って教えても、相手が明らかにやる気のない態度だったりすると、それに対して怒りを感じたり、自分の指導技術が低いのではないかと落ち込んだりすることが自分のストレスでした。

そんななか、感情整理ノートについて学ぶ機会があり、先生からの「原因はすべて自分の中にある」「自分のイラつきのほとんどはエゴから来る」という話にドキッとしました。

まずは、自分の本当の声と向き合うことを目的に、毎日ノートを書くことにしました。最初は、日々忙しい中を書き続けられるのか不安だったし、ちょっぴり面倒だなとも思いました。また、本当にこんなことで変わるのかな？という思いと、でもこれを実践すれば、きっと私のこのモヤモヤが解消するはずだという期待を抱き、毎晩寝る前に1日を振り返る作業を始めました。

　文章化するには、漠然と不快に感じていることも、言葉にして整理する必要があります。「自分は何が嫌で、なぜそう感じるのか？」と内観していく中でわかったのは、自分の中に驚くほどみっともない感情があるんだということでした。

「一生懸命じゃない人はダメ。要領悪くてトロいのも仕事ができない人みたいでキライ。人に無視されるのも嫌だ……」

　どれも字で書くと、結局、問題の根源は、自分の失敗に対する恐怖感や、デキる人と思われたいという私のエゴからくる不快感でした。また、それまで、私は自分だけが正しいと思って人を格付けしていたのだということにも気づきました。

　ノートを書き始めて1か月が過ぎた頃に、「ほんと、自分は不完全な人間だったんだな、その不完全な人間が他人のことをどうこう言えたもんじゃないなぁ」そんなふうに思えて、空回りが減りました。

　もちろん、そうは思っても、日々不愉快になってストレスを感じることもまだまだありますが、それでも以前は3日くらい引きずったような不快感も、数分で収めることができるようになった気がしています。

　また、今では、やる気のない部下がいても「この人にも何らかの言い分があるんだろうな、それが良いとか悪いとか判断しても何の解決にもならないしな」と、少し違った視点で見ることができる時が増えたように思います。

　結局、やっぱり自分のことって自分が一番知らなかったんだなって気づきました。

　まだまだ隠して気づいていない自分がいると思いますが、でも、せっかくこの自分で生まれてきたのだから、どうせなら、とことん向き合って知り尽くしてみたい、今はそんな気持ちでノートを書いています。

実践！

7日間プログラム

いよいよここから実践です。
まずは7日間続けてみましょう！

あなたの今日1日を振り返ってみよう

今日感じた感情を書き出す

それでは、さっそく始めましょう！　まずは、47ページの「感情整理ノート5つのステップ」の❶から❸に沿って、次のことを参考に書き出してみてください。

❶1日を振り返り、自分が今日感じた感情を書きましょう。すぐに思い出せる感情がなかったら、次のことをやってみてください。

目を閉じて、朝からの自分の動きを時系列で思い出してみる。そのなかで、嬉しかった、安心した、イラついた、焦った、落ち込んだ……というように、感情が、どんなときに、どんなふうにあったかを思い出してみましょう。

❷その感情になった原因（きっかけ）**を考えます。複数の感情があれば、その一つひとつが起きた原因をそれぞれ思い出して書いてみましょう。**

感情の原因がすぐに思い出せないときは、誰かに「何に対して怒ったの？」「何があって嬉しかったの？」と質問されたとイメージして、答えを考えてみましょう。

❸なぜそう感じたのか？　原因をどうとらえたのか？　同じ原因でも、人によって起きる反応は違います。ここでは、「あなたが、なぜその原因に対し、その感情になったのか？」を考えて書いていきます。

誰かに、「えー！　なんでそんなことで怒ったの」と言われたとして、「そりゃ怒るのは当然だろう。なぜ怒ったかというと……」と説明するつもりで答えを考えてみましょう。あるいは、「そんなことで落ち込まなくてもいいのに」と言われたとして、「落ち込むに決まってるさ。だって……」と理由を相手に伝えるつもりで考えてみましょう。

まずは❸までを繰り返し書いていきますが、最後に、その日1日を振り返って、自分を励ます言葉を右端に書いていきましょう（自分を励ます言葉については82ページで詳しく説明します）。

NOTE

あなたの今日1日を思い出してみよう

例	10 月 9 日（ 月 ）	
1	今日の感情	落ち込む
2	原因	大事な仕事でミスをしてしまって、 部署全体に迷惑をかけた
3	なぜそう感じたのか？ 原因をどうとらえたのか？	だって、自分のミスだし、 やってはいけないことを やってしまった。 誰のせいにもできない
4	自分を 励ます言葉	失敗は誰でもする。 終わってしまったことだ。 ここから学ぶしかない。そう思おう

月　　日（　　）

1	今日の感情	
2	原因	
3	なぜそう感じたのか？ 原因をどうとらえたのか？	
4	自分を 励ます言葉	

何も言葉が思い浮かばなかったら？

「自分インタビュー」で自己内省力を高めよう

感情整理ノートは、人によって得手不得手があります。

たとえば、小さい頃から日記をつけていたとか、国語の授業で感想文を書くのが好きだったというような人は、「自分という人間は、何に対して、どう感じる人間なのか？」という視点で考えることに慣れているので、あまり抵抗なくノートを書き始めることができます。

反対に、これまで「感じる」ということに興味を持たなかった、あるいは、何らかの理由で「何事も、感情で動くべきではない」という考えがあって、自分の感情に意識を向けないようにしてきた人にとっては、多かれ少なかれ、難しいと感じることがあるかもしれません。

1日目でノートを書き出したときに、「感情ってあんまり気づけないものだなあ」と思った人は、2日目に向けて、62〜63ページのような質問を自分に投げかけながら1日を送ってみてください。

これらの質問をするときは、まるで自分の頭の中に「しつこいインタビュアー」が住みついていて、「〇〇さん、今、何考えてますか」と聞いてくるようなイメージをしてみてください。

この「自分インタビュー」というテクニックは、アスリートへのメンタルトレーニングではよく行われる手法のひとつです。

アスリートは、日々の練習においても、新しい技に挑戦するときに緊張したり、ポジション争いで不安になったりというストレスがあります。そんなとき、「今、私は何を考えている?」と自分にインタビューすることで、「私は今、新しい技に挑戦すること（原因）に緊張を感じている（反応）」と頭の中で整理ができると、「そうか、では深呼吸をして、自分を落ちつけてから始めよう!」というように、自分を「解決行動」まで導くことができるのです。

逆に、もしこうした緊張を感じているときに、自分インタビューを行わず、緊張している自分を客観視できないでいると、緊張した身体のままで技を披露するわけですから、筋肉が凝り固まり、大ケガをすることだってあるのです。

「自分インタビューで、自分の感情に向き合うこと」は、自分自身を知るきっかけになるだけでなく、自分を良い解決行動に導くことができるのです。

自分インタビューの例

自分の感情や考え方に敏感になるための質問①

ボーッと通勤電車に乗っているときなどに

今、私は何を考えている？

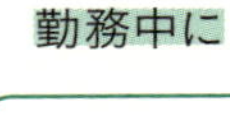

勤務中に

今、上司からの指示を受けて、
何を感じた？　イラついた？
落ち込んだ？　焦った？
それとも、楽しい？　ホッとした？
どんな気分？

感情だけでなく、同時に、
今、上司からの指示を受けて、
何を考えた？　感じることと
考えることを分けるとしたら、
どんなふうになる？　なんで
私ばっかり仕事させられるんだろう！
と考えてイラついた？　あるいは、
また失敗したらどうしよう……
と考えて落ち込んだ？

自分の感情や考え方に敏感になるための質問②

何かストレスを感じたときに

今、私はなぜそう感じているのか？

なんとなく気分が乗らないときに

今、私はなぜ何も感じていないのか？

自分の感情や考え方を表面化させるための質問

私は、自信のある人ですか？　それはなぜですか？

私は、自分のことが好きですか？　それはなぜですか？

私は、今、幸せですか？　それはなぜですか？

私は、どんな人のことが好きですか？
どんな人のことが嫌いですか？

私が最も大切にする価値観はどういったものですか？
それはなぜですか？

どんなストレスにも、この手順で対応できる

知っておきたい、ストレス対処の5ステップ

感情整理ノートの基本的な柱である「ストレス対処法」の簡単な流れをここで説明しておきます。どんなストレスに対しても次のような流れで対処していくことができます。ノートを今後進めるにあたってご参考にしてください。

ストレスを感じた出来事（例）

家に帰ろうとしていたら、急に上司から残業を頼まれて、ストレスを感じた。

対処行動 その❶

身体ストレスの除去（深呼吸）：まず、冷静に目の前のストレスを整理するために、深呼吸で心身の態勢を整えます。

対処行動 その❷

「原因と反応」の整理（私には今、何が起きて、何を感じている？）：身体を整えた後に、自分の現状把握をしましょう。「家に帰ろうとしたら、残業を頼まれて、イラついた」という人もいれば、「自分は落ち込んでいる」という人もいます。「自分は」何を感じているかを整理しましょう。

対処行動 その❸ 「考え」の整理（起きている原因に対して、なぜそう感じるのか？）：原因と反応の間にある「自分の考え」を導き出す。たとえば「もう帰ろうとしている部下に残業など与えるべきではないだろう！」と考えたから怒りを感じたのか、「また残業なんていったい自分は何のために働いているのだろう」と働く意義に疑問が出てきて落ち込んでしまったのか。それぞれ人によって違うので、「自分はどう考えたのか」を見つけましょう。

対処行動 その❹ 現状の整理（本当のストレスは何か？）：「残業を頼まれたこと」が本当のストレスなのか？　それとも、それはきっかけに過ぎず、そもそも上司との人間関係が問題なのか？　「自分は、なぜ残業を頼まれるとイラつく、あるいは落ち込むのか？」の質問をすると、本当のストレス原因が見えてきます。何がストレスで、自分が解決行動として対処できることは何か？に持っていくために、あらためて現状を整理しましょう。

対処行動 その❺ 解決行動へ：本当のストレス原因が「上司の言い方」であれば、その部分を解決する手段を考えたり、そもそも「残業自体がストレス」なのであれば、極端にいえば残業のない部署に異動させてもらうなどの解決行動を考えましょう。

ストレス対処で大事なポイント

- **本当のストレス原因は何かを把握する**
- **すぐに解決できることであれば対処行動を行う**
- **すぐに解決できないことであれば、順を追って対処行動を考える**

ストレス対処の5ステップ

1 身体ストレスの除去（深呼吸）

2 「原因と反応」の整理

3 「考え」の整理

4 現状の整理

5 解決行動へ

DAY 2

午前と午後に分けて、1日の感情の変化を見つめる

感情の動きを把握しよう

2日目は、午前と午後に分けてノートを完成させてみましょう。以下の手順で、70～71ページのノートに書き込んでいってください。

❶午前の自分を振り返る

昼食時や休憩時間などを使って、午前中の自分の行動を思い出してみましょう。まず、時系列で何をしたのかを振り返りましょう。どこかに行ったのか？　何をしたのか？　誰と話したのか？　どんな話をしたのか？　何か新しい発見はあったのか？　何を見て、何を感じたのか？

目を閉じて、午前の自分を頭の中でイメージしながら、思い出してみましょう。何か出来事があって、怒ったり、喜んだりといった具体的な感情があったのであれば、それを書き込みましょう。特になければ、午前中全体を通して、自分はどういう心理状態だったのかを、書き込んでおきましょう。

❷午後の自分を振り返る

帰宅後、ゆっくりしているときに、午後からの自分の行動を振り返ってみましょう。午前のときと同じようにイメージをしてみましょう。一般的に、午後は少し眠気が出てくるなど、午前とは違った体調の変化を感じた人もいるかもしれません。心と身体と両面について感じたことを書き留めましょう。

❸午前と午後の状態を比較する

午後の自分について書き終わったら、1日を通して、午前の自分と午後の自分と比較してみましょう。「午前は身体は元気だけど、心は○○があったから疲れていたな」とか、「自分の仕事は、午後になってからのほうが調子が出る類のものだな」とか、どんな気づきでもいいので、自分の心と身体の両面について、感じたことを書き留めておきましょう。

私たちは何気なく毎日を過ごしていますが、午前と午後では、心身の状態がまったく違っていたりします。身体のバイオリズムの変化だけでなく、自分の感情の動きにも、午前と午後では変化があったりするものです。「午前中はイライラしやすいなあ」とか、「午後になると落ち込むことが多いなあ」といった「時間的な傾向」をもし見つけることができれば、これも問題解決へのカギになるでしょう。

NOTE

あなたの今日1日を午前と午後に分けて思い出してみよう❶

日付	例　　　月　　　日（　　　）		
午前	1	今日の感情	
	2	原因	
	3	なぜそう感じたのか？ 原因をどうとらえたのか？	
午後	1	今日の感情	
	2	原因	
	3	なぜそう感じたのか？ 原因をどうとらえたのか？	

NOTE

あなたの今日1日を午前と午後に分けて思い出してみよう❷

1日全体を振り返って、気づいたことを書き留めておきましょう

準備
DAY 1
DAY 2
DAY 3
DAY 4
DAY 5
DAY 6
DAY 7
振り返り

過去の自分を振り返る
ライフラインを書いてみよう

ここまでノートを書き進めてきて、あなたは今、どんな気分ですか？

「たった2日間しかやっていないけど、整理をするだけでもストレスが軽減されるという意味が実感できて、驚いている」

「自分の感情を客観的に書き込むと、今まで意識には出てこなかった感情がどんどん溢れ出てくる感じがして、スペースに書き込みきれないほど、感情が出てくる」

このような効果がすでに出ている人もいるかもしれません。ですが、同時に、がんばって始めようと思ってはみたが、なんだか自分は無感情な人間なのではないか？と思えるほど、さっぱり何も出てこない……とご苦労されている方もいるかもしれません。

ここでちょっと視点を変えて、1日だけに集中するのではなく、これまでのあなたの人生全体を思い出してみましょう。

「ライフライン」というワークをやってみます。このワークは、実際に私がメンタルトレーニングを行うときに、クライアントに必ずやっていただくものです。横軸が年齢、縦軸が幸福感です。縦軸の上に行けば行くほど「楽しい」、「嬉しい」というようなプラスの感情を示し、下に行けば行くほど「悲しい」「落ち込んだ」「苦しい」というようなマイナスの感情を示します。

あなたには生まれてからこれまでの人生で、さまざまな出来事があったかと思います。どんなに些細なことでも、それぞれの経験を思い出し、その出来事はあなたにとってどんな感情を伴ったものだったのかを時系列で書き込んでみましょう。参考に私自身のものを74ページに掲載します。

準備
DAY1
DAY2
DAY3
DAY4
DAY5
DAY6
DAY7
振り返り

ライフラインを書いてみよう

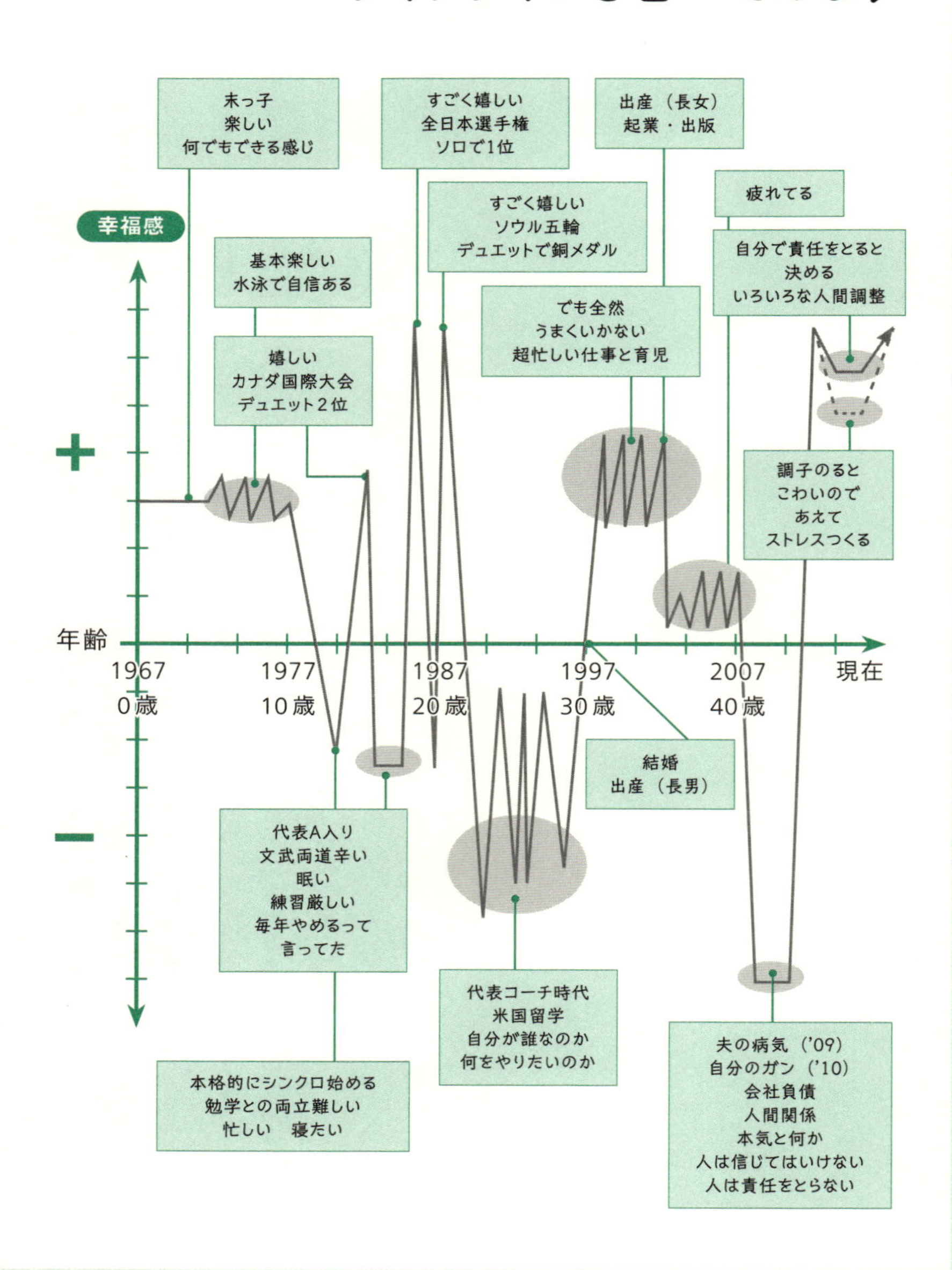

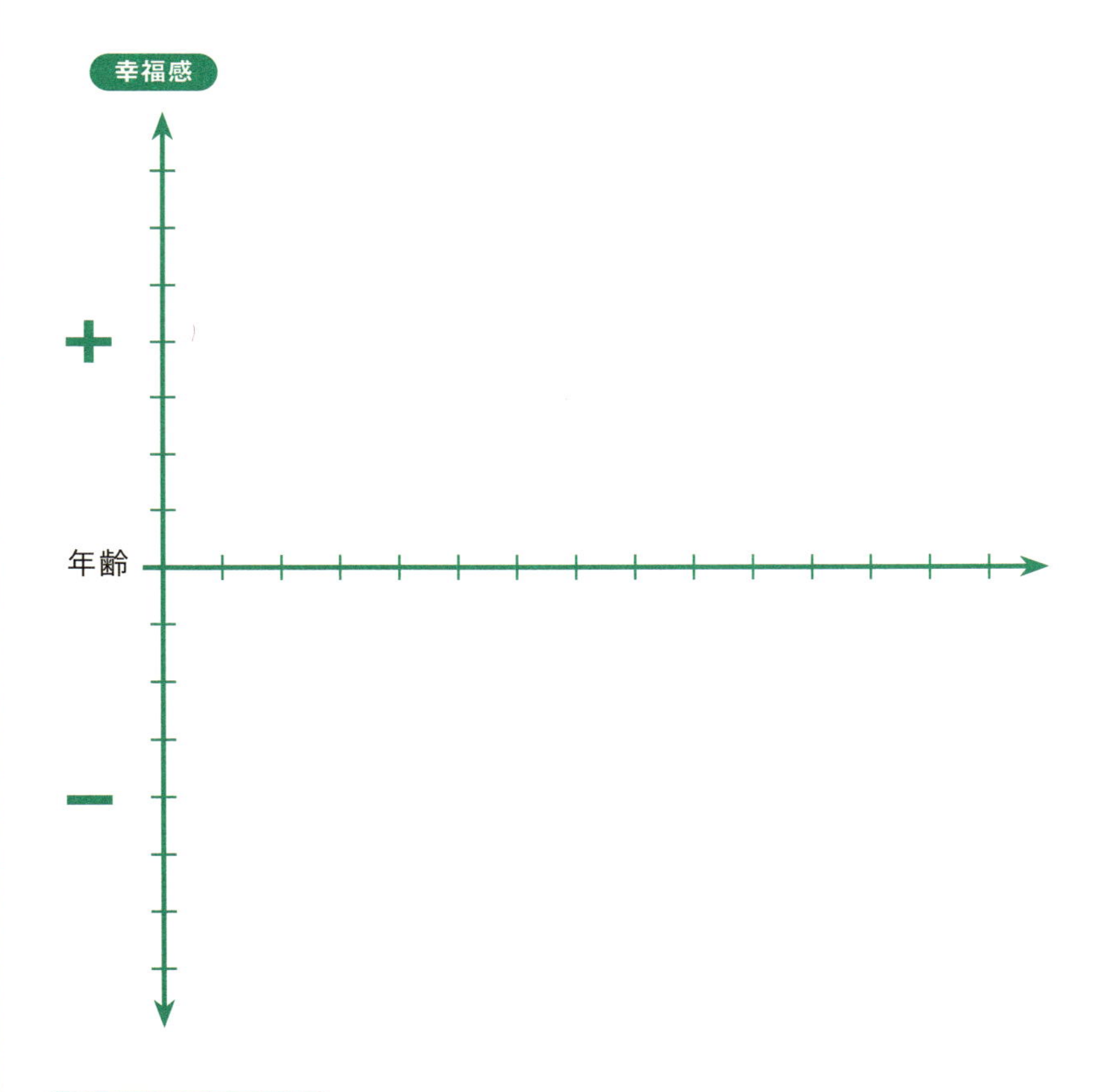

ライフラインのポイント

●過去の感情を思い出すことで、自分はどんなときにどんな感情を持つ人間なのかを確認できる

（例）「私は、賞を獲ったりして、誰かに認めてもらったと感じたときに嬉しい人間なんだ」「私は、人に認めてもらうことに関してはどうでもいいが、自分が決めたことをきちんとできたときに喜びを感じる人間なんだ」

●今の自分の考え方のクセの発端を知るきっかけになる

（例）「こういう人生を歩んできたから、自分は何事にも完璧さを求めてしまう傾向があるんだな」「自分に自信がないのは、高校生のときの、あの出来事が発端なのかな」

ネガティブ思考に入るパターンを知る

自分の思考プロセスのクセを把握しよう

あなたは「ネガティブ思考」と聞くと、どんなことを思い浮かべますか?

ネガティブ思考とは、簡単に言ってしまえば、「目の前に起きた出来事がどんな出来事であっても、そのことを『よくないこと』ととらえる傾向のある考え方」です。

「よくないこと」とは、たとえばどんなことか?

私は大きく3つに分けて、説明しています。

- **何事も「自分にとって損」だととらえる**
- **何事も「自分にとって害」だととらえる**
- **何事も「自分にとって脅威」だととらえる**

ネガティブ思考の人は、何が起きても、この**損**、**害**、**脅威**のどれかとして、事実を認識してしまうので、その事実に対して悪いストレス(不安、緊張、怒りなど)を感じる、というわけです。

典型的な例として、「新しい仕事で失敗した」という事実があったとしましょう。ネガティブ思考の人は、「失敗＝損、害、脅威」という考え方のクセを持っているので、この事実に対して、「ああ、失敗したから減給間違いなしだな」と思って、損をしたと落ち込んだり、「別にやらなくてもよかったのに挑戦なんてしてしまって人生の汚点だよ」と、害をこうむったと怒ったり、「絶対に怒られる。もしかしたら左遷かもしれない」と脅威を感じて、ビクビクしてしまうこともあるでしょう。

当然、「失敗」は誰にとっても嬉しいことではありませんが、ここで大事なことは、「失敗という事実をどうとらえるか」です。

確かに、起きた事実は変えられません。仕事によっては、自分の失敗のせいで被害がどんどん広がることだってあるでしょう。しかし、そんなときこそ「失敗という変えられない事実に対し、ネガティブ思考になって、自分にとって何か得なことはありますか？」と自問してみてください。実は、これが重要なのです。

もしあなたがネガティブ思考になりやすいのであれば、ぜひノートにその事実を書き出してほしいのです。具体的に「なぜ損だと感じるのか？」「どういう理由で原因をネガティブだととらえているのか？」を考えてみるのです。

ネガティブ思考の「入り方」は人によって違います。自分の思考プロセスを知れば、その「ネガティブ思考になるクセ」を理解することができます。

思考プロセスを図にしてみる（例）

原因	異性との初デート	
考え	ポジティブ思考	ネガティブ思考
	二人で会うのは楽しそう 付き合うことになったら… ワクワク	デート失敗=人生失敗 =損、害、脅威 嫌われたら困る 失敗したらどうしよう
感情	ストレスどころかワクワク	ドキドキ 不安、緊張 眠れない

自分の思考プロセスを図にしてみる

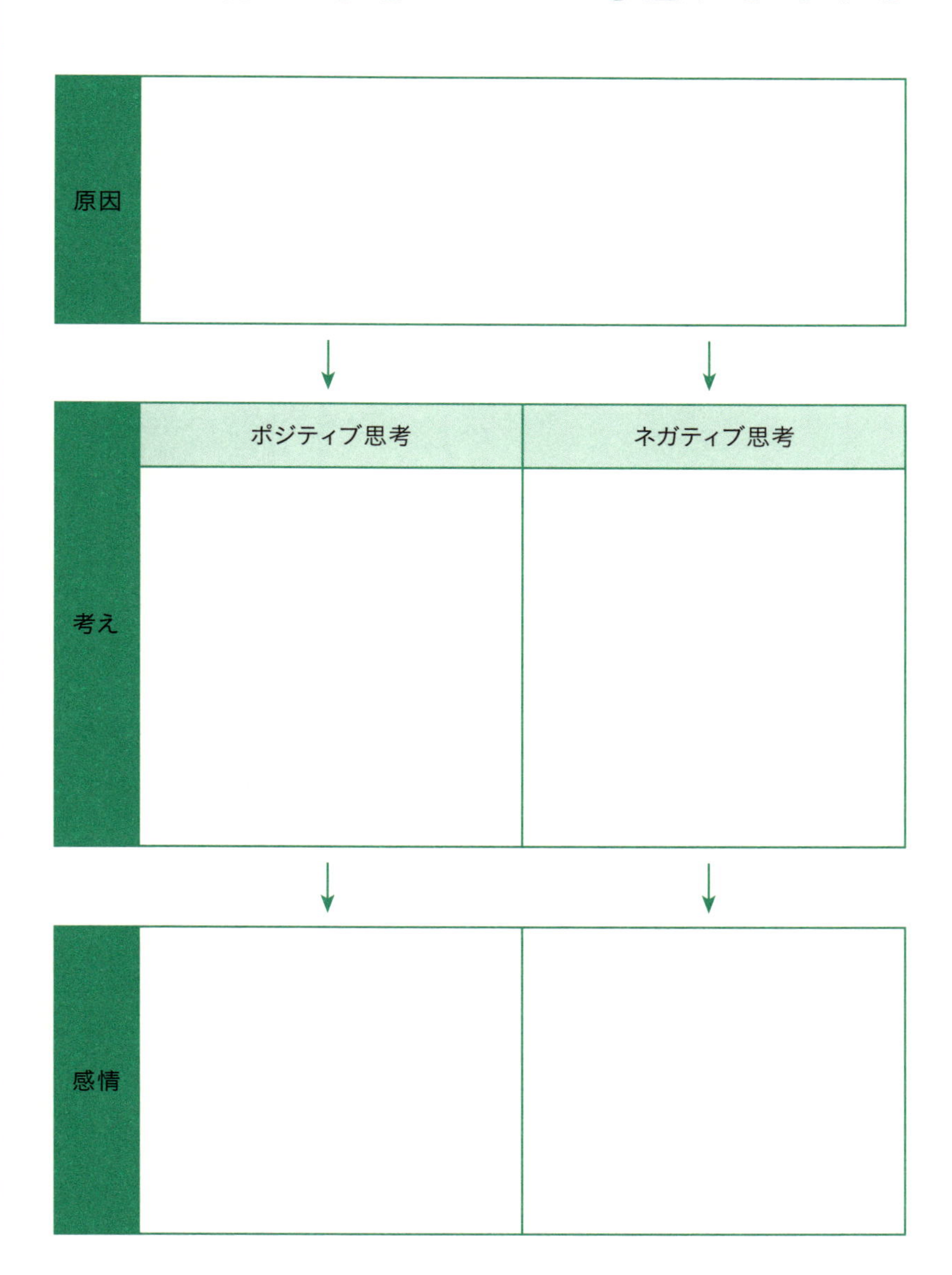

俯瞰の視点を持とう

自分とは違う考えの他人の感情をイメージする

これまで、自分自身の思考や感情に目を向ける練習をしてきましたが、ちょっと視点を変えて、「同じ事実でも、他人はどういうとらえ方をするのだろう？　どういう感情になるのだろう？」ということをイメージする練習をしてみます。

たとえば、上司から、同僚と自分の両方に対して、「君たち2人にちょっと挑戦してもらいたい。大きなプロジェクトを預けたいんだ」と言われたとします。あなたは、その時、どんなひとり言を心の中でつぶやくでしょうか？

「え、挑戦って何だろう？　なんとなく緊張するな」

「大きなプロジェクトってことは、少しは自分の実力を認めてもらえたのかな」

「任せてくれるってことは、成功すればボーナスも上がるってことだよね？」

「やだやだ、別に挑戦なんてしたくないよ。失敗するのいやだよ」

「わざとらしいな、なんか裏があるんじゃないのか？」

など、**個人によってとらえ方は千差万別**でしょう。まずは、自分の今日の感情整理ノートを完成させ、その後に、「もしも今日、自分に起きた出来事を違う人が経験したら、どういう思考や感情になるのだろう？」とイメージしていただきたいのです。この練習の目的です。

❶人によって事実のとらえ方は違うことに気づく
❷違いに気づくことによって、「なぜ他人は、違うとらえ方をする可能性があるのに、自分はこの事実を、このようにとらえるのか？」という質問をより明確にできるようになる
❸変えられない事実にばかり目を向けてイラついたり、落ち込んだりするのではなく、「変えられる」自分の考え方のクセに焦点を合わせることができると、「本当は何がストレスになっているのか」という事実が見えてくる

このようにして事実が見えたら、あとは対処のみです。そして、その対処行動に必要なのが、自分の背中を押してくれる「自分を励ます言葉」です。これまでの感情整理ノートでも、最後の項目に「自分を励ます言葉」を入れてありますが、この自分を励ます言葉を上手に書けるようになるためにも、他人の思考や感情のイメージ練習をぜひやってみましょう。

NOTE

他人の感情をイメージしてみよう（例）

日付	○月　○日（ ○ ）
今日の感情	落ち込む
原因	大事な仕事でミスをし、部署全員に迷惑をかけた
他人はどう考え、感じる可能性があるか？	落ち込みながらも、これを次につなげる強い人はいるだろう（でも自分にはその意欲がない……）
〈他人ならこう考えるだろう〉をもとに、自分の考え方を変えられる「励ましの言葉」を書く	「次につなげる！」なんて強い言葉には抵抗があるが、でも、せめて「どんな賢人も失敗は誰でもする」「失敗したからって、人としてダメなわけじゃない」ってことを考えよう

他人の感情をイメージしてみよう

日付	月　日（　）
今日の感情	
原因	
他人はどう考え、感じる可能性があるか？	
〈他人ならこう考えるだろう〉をもとに、自分の考え方を変えられる「励ましの言葉」を書く	

準備
DAY 1
DAY 2
DAY 3
DAY 4
DAY 5
DAY 6
DAY 7
振り返り
日付
月 日（ ）
今日の感情
原因
他人はどう考え、感じる可能性があるか？
〈他人ならこう考えるだろう〉をもとに、自分の考え方を変えられる「励ましの言葉」を書く

コラム❶

なぜ現代人にストレスがたまりやすいのか？

決してあなたが弱いわけではない

人生の先輩方の中には、よくこんなことを言う方がいます。「俺たちの時代は、ストレスなんて甘っちょろいことは言わなかった。まったく最近の若者はメンタルが弱くなって困る」と。

果たして、それは事実でしょうか。人間は、時代を経て、そんなに「メンタルが弱くなった」のでしょうか。

現代社会では、心身ストレスへの対処が確実に必要です。それはなぜか。身近な変化でいえば、こんなことが過去と違ってきているのです。

❶情報化によるストレス

90年代以降の情報化社会では、携帯電話、メール、SNSなどの普及により、利便性が高まりました。音信不通だった懐かしい友とつながったりなどといった恩恵ははかりしれませんが、同時に、情報の氾濫による精神的ストレスは多様化しています。

某大手外資企業の役員秘書が、こんなことを話してくれたことがあります。

「ほんの数年前までは、役員が海外出張となれば、せめて飛行機の機内にいる十数時間は緊急メールなどが入らない『ホッとできる時間』だったのに、いまや機内でもメール使えちゃうからね。常に24時間態勢で秘書業務ってのはストレスだよ」

こんなストレスは、それこそ携帯電話すら普及していなかった80年代のビジネスパーソンにはなかったものです。

❷ルーティン化、マニュアル化できない創造力、想像力が必須となったことによるストレス

メンタルトレーニングの個別指導をしていると、近年、20〜40代のビジネスパーソンが抱えている仕事ストレスで非常に多いと感じるのが、これです。

もちろん、今も昔も、新しいアイデアを出す「創造性」は大事でした。そして、ひとつの仕事に対して、一側面からだけでなく、包括的に目の前の仕事をとらえられる「想像力」も、当然、昔から必要だった「ビジネススキル」ではあります。しかし、これらのスキルが「誰に対しても求められる時代」というのは、精神的に厳しいと感じることが多いようです。

いまやルーティン化された作業的な仕事は、どんどん機械化されるか、人件費の安い国々に渡っているのが事実です。

「言われたことをしっかりこなす」だけで済むような仕事はもはや存在しなくなるわけで、そこから生じる不安ストレスは多様化しています。

❸価値観の多様化によるストレス

日本中の誰もが同じ方向を向き、同じ成功を求めるといった高度成長期は過去になりました。

「どういう人間になると成功なのか」

「誰もが認める成功とは何か」

そんな疑問を持って私のところに訪れる人も多くいます。

成功や幸せの定義、価値観が、個々の人生哲学の中で芽生えていくことが重要になる成熟した時代で、大事なストレス対処は、「自分はどう生きたいのか?」という自分軸を持つ習慣をつけることです。

しかし、その習慣がない人は、「自分がどうあると他人に認めてもらえるか?」「みんなはどうするの?」といった方向に目がいって、結果的に、「みんなが認める成功というものは存在しない」という事実がストレスになります。変化し続ける不確実性の時代特有のストレスといっていいでしょう。

このように、**昔と今のストレス環境は違うのです。**「昔は良かった、今が悪い」のではなく、たんに「違う」のです。もしあなたの周りの人生の先輩があなたに向かって、「おまえはこんな便利な時代にストレスなんか抱えて、メンタル弱いな」とおっしゃるのなら、どうぞニッコリ笑って、「そうですね」と受け流しましょう。

所詮、人は、その人の見方で事実を見ます。だから、その人生の先輩から見れば、あなたの「見た目」は、「弱っちい」のかもしれないだけのこと。ここで、あなたが、「ふん、こんな人に、オレのことがわかるわけがない!」とイラつくのは無用だし、「ああ、やっぱり自分はダメな人間なんだ」と悲観することも無意味です。なぜなら、**あなたがどのようにあれば、あなたの本当の実力を発揮でき、あなたにとって幸せな人生を送れるのかは、あなたにしかわからない**からです。

他人や環境に惑わされず、自分のストレスを対処し、そして、自分の本当の実力を発揮して、自分を幸せにしていく習慣をつけるために、心がけてほしいことは次の3つです。

❶現代社会は多様化したストレスがある、という事実を知る

自分が弱いのではなく、そういう困難な社会に生きているのだという事実をまず受け止めましょう。

❷他人の言葉には常に感謝し、事実を見極める

自分が反省や修正すべきと感じたことは、言われた言葉を学びにして、行動につなげましょう。他者の評価には、おごる必要もなければ、落ち込む必要もありません。

❸自分はあるがままで素晴らしいのだということを、常に頭に入れておく

そのために、自分の感情の浮き沈みを把握し、自分のネガティブ思考に自分で気づけるようにしましょう。

ストレス解消の最大の武器は「気づき」である

「考え方のクセ」に気づいて、根源的なストレス対処をしよう

日々のストレスを「感情、原因、考え方」に分けて整理してきました。改めておさらいです。

原因⬇考え方のクセ（思考フィルター）⬇反応

92ページ図Aのように、これまでは、「反応」（図の下側）と、「原因」（図の上側）を書き、そして「なぜそう感じたのか？　原因をどうとらえたのか？」という質問から「考え方」（図の中央）を出してきました。

個人の考え方のクセには、良いも悪いもありません。たとえ「私はネガティブ思考だった。なんでも損、害、脅威と考えている」と気づいたとしても、それはむしろ素晴らしいことです。「自分特有のクセに気づくこと」こそが、根源的なストレス対処だからです。

たとえば、図Aのように、私たちが不安になった

り、イラついたりする原因は、「最初の外的な原因」だけでなく、それをどうとらえたかという「自分の考え方のクセ」の両方にあります。しかし、私たちは、よく「きっかけでしかない外的な原因」と「それをどうとらえたかという自分自身の考え方のクセ」をごちゃまぜにして、「ストレス原因」ととらえてしまいがちです。2つを混ぜて考えれば、当然、「大きな原因」と化してしまうし、また、それを「変えられない事実」と勘違いしてしまいます。

「外的なきっかけとしての原因」と「自分の考え方のクセ」の仕分けとは、「本当に変えられない外的な原因」と「変えられる自分の考え方のクセからきている原因」を分けるということです。

分けて考えてみれば、気づくはずです。「実は、多くのストレスは自分が勝手につくりあげているものだった」ということを！

大事なのは、自分の考え方のクセに気づくこと。つまり、どんな色眼鏡で、外的な事実を覗いてしまっているかに気づくことです。93ページ図Bに、よくありがちな考え方のクセを記します。

図A

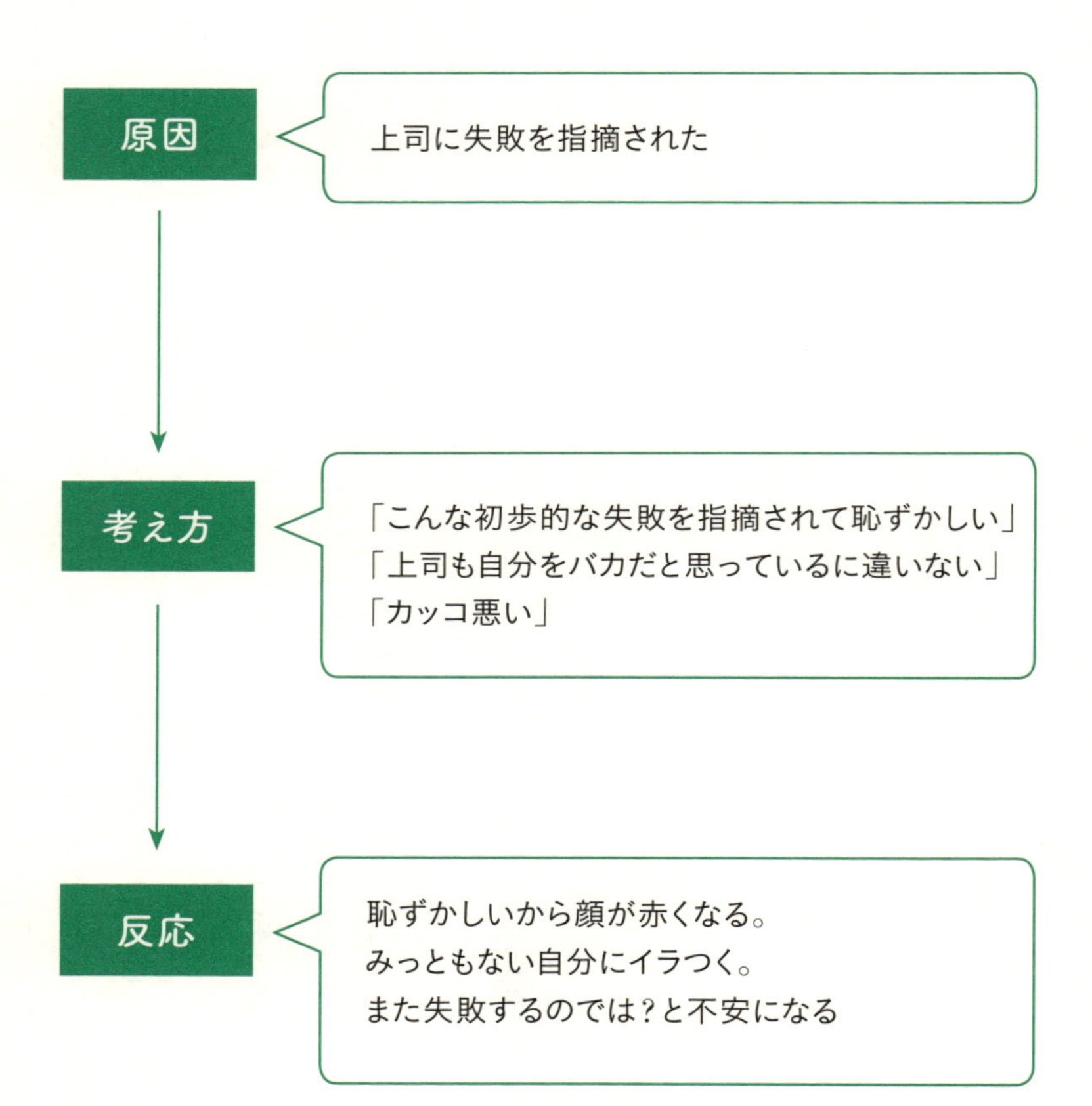
原因
上司に失敗を指摘された
考え方
「こんな初歩的な失敗を指摘されて恥ずかしい」
「上司も自分をバカだと思っているに違いない」
「カッコ悪い」
反応
恥ずかしいから顔が赤くなる。
みっともない自分にイラつく。
また失敗するのでは？と不安になる

図B

考え方のクセ	クセの説明	このクセが過剰にありすぎると出てくるマイナス点	このクセを適度に調整すれば実は長所にもなる点
べき思考	こうあるべきだ、という持論がハッキリしている	人や環境に「こうあるべき」を押し付けて周囲にストレスを与えたり、自分の思うように物事がはかどらないと自分もイラつく	持論を持っているのはいいことなので、「他人にも持論がある」「うまくいかない環境はどうすれば変えられるか」と思えるとよい
どうせ思考	どうせ自分なんて、と考える	「どうせ」と自分を卑下し、自分を過小評価することで自信をなくして落ち込む	この思考の人は、他人に謙虚であったりする。適度な調整ができるとよい
過去執着思考	既に終わった事実を「こうすれば良かった」と考える	変えられない過去の事実を悔やむことに集中し、今できることをやらない	反省できるのはいいことなので、悔やんだあとに次に進めるとよい
未来不安思考	まだ始まってもない事実を不安に思う	「こうならなかったらどうしよう」と先を不安に思うことで今何もできない	不安に思えるのなら、それを課題として今取り組むことに集中できるとよい
完璧思考	何でも完璧にしようとがんばる	常に完璧を目指すので身体的に疲弊する	完璧を目指す経緯では「適度な緊張」といった調整ができるとよい
読心思考	自分の判断でこうに違いないと決める	あいさつされないだけで、「まだ怒ってるんだ」と決めつけて、ストレスを溜めたりする	予測するのはいいことだが、事実確認ができればなおよい判断ができる

※「考え方のクセ」にはさまざまな思考がありますが、ここでは企業研修で使用している代表的なものだけを抽出しています。

コラム❷

胸を張った姿勢はマイナス思考を防ぐ

日々、正しい姿勢をとる習慣をつけよう

ここでちょっと頭を休めて、身体のことを考えてみましょう。

心と身体はつながっています。

いくら自分の考え方や感情に向き合い、心の整理をしても、身体にストレスをためていれば、アクセルとブレーキを同時に使っているようなもの。ですから、身体の疲れも同時に癒してあげなければなりません。

日常的な身体疲労を癒す方法として、「休暇をとる」「マッサージに行く」といった行動変化は当然大事ですが、すぐにできることで、日々意識していただきたいことが、「日常生活でできる小さな自浄エクササイズ」です。そのもっとも基本的なことが「日々、正しい姿勢をつくること」です。

正しい姿勢について、すぐにできることを95ページに挙げました。

正しい姿勢とは、具体的にいえば、「腹筋を引き

身体ストレスを軽減し、ストレスに強くなる、正しい姿勢のつくり方

腹筋を引き締めて胸を張り、肩甲骨を下げる姿勢をキープしましょう。日常歩いているときに、お腹と胸と肩甲骨を意識して姿勢をつくります。

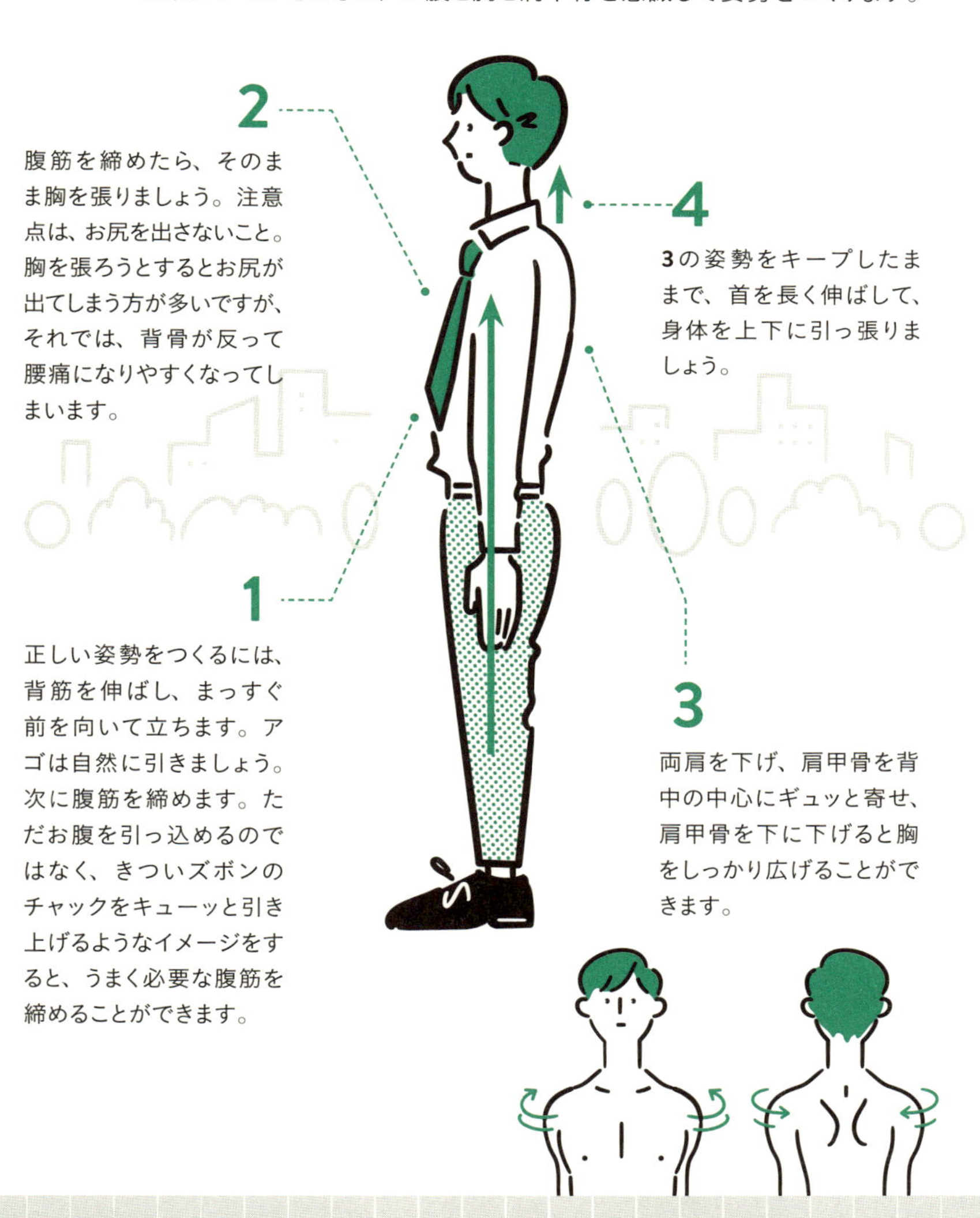

2

腹筋を締めたら、そのまま胸を張りましょう。注意点は、お尻を出さないこと。胸を張ろうとするとお尻が出てしまう方が多いですが、それでは、背骨が反って腰痛になりやすくなってしまいます。

4

3の姿勢をキープしたままで、首を長く伸ばして、身体を上下に引っ張りましょう。

1

正しい姿勢をつくるには、背筋を伸ばし、まっすぐ前を向いて立ちます。アゴは自然に引きましょう。次に腹筋を締めます。ただお腹を引っ込めるのではなく、きついズボンのチャックをキューッと引き上げるようなイメージをすると、うまく必要な腹筋を締めることができます。

3

両肩を下げ、肩甲骨を背中の中心にギュッと寄せ、肩甲骨を下に下げると胸をしっかり広げることができます。

コラム❷

締めて胸を張り、肩甲骨を引き下げる」という行動なのですが、この姿勢だけで、ネガティブ思考を防ぐ作用があります。試してみるとわかりますが、グッと胸を張った姿勢で「ああ、つらいなぁ」とは言いにくいものです！　逆に、背中を丸めた猫背の姿勢をとると、「もうダメだ、どうしたらいいんだろう」といったネガティブな言葉が言いやすくなり、気持ちはさらに落ち込みます。負のスパイラルにはまりやすい姿勢なのです。

そもそも日本人は、胸を張って堂々とするよりも、謙虚な姿勢という意味で、猫背になりやすい傾向があります。これは、元気が出ない姿勢に慣れているといっても過言ではありません。つまり、胸を張った姿勢には、心理的なプラス効果があるのです。

たかが姿勢、されど姿勢。

もしも、何かで失敗をして反省する時でも、背中を丸めてあれこれ考え込むより、あえて腰に手を当て、仁王立ちになって胸を張り、

「おー！　今日は失敗しちゃったなー！」

と言ったほうが、マイナスになりすぎず、よっぽど健全な反省ができ、建設的な対応策も見つけやすくなります。

自律神経的にも、背中を丸めた姿勢は血行が悪くなり、肩こりや腰の痛み、頭痛などの症状が起こりやすくなるので、ぜひ正しい姿勢を習慣づけてください。

DAY 4

自分の「考え方のクセ」を活用する

短所と考えがちなことも武器にしよう

90ページで「考え方のクセに気づく」ことを学びました。そして、どんなクセも、ありすぎればストレスをかけますが、逆に、そのクセを良い方向に使えれば、ストレスは大きく軽減できると説明しました。

あなた自身の考え方のクセは、それ自体が悪いのではありません。それは、「あなたらしい魅力のひとつ」であり、もっといえば、その考え方のクセの「おかげ」で、これまでもさまざまな自己成長を遂げたり、多かれ少なかれ良い結果を残してきたのです。

完璧思考の人を例にして考えてみます。たとえば「上司に、自分は完璧な人間だと思ってもらおう」とがんばってしまえば、これは不可能な目標なので、ストレスです。
なぜ不可能なのか。そもそも人間は完璧になどなれないし、また、何を完璧とするかという基準も人によって違うからです。

しかし同時に、完璧思考の人の良い点は山ほどあります。「ちゃんとやりたい」「もっとがんばろう」といった口ぐせで常に自分を叱咤激励できるのは、素晴らしい長所です。その長所を「直す」なんてもったいない。せっかくの「自分自身を高めようとがんばれる、やる気のエネルギー源泉」を潰してしまうようなものです。だから、ここで重要なのが、「いつ、どこで、このクセをどう使うか」という、クセの調整能力です。

私がメンタルトレーニング指導をする一流アスリートは、ほぼ間違いなく全員、異常な「完璧思考」です。よく精神科医に「選手の心理状態は、正直言って、まったく正常ではないですね」と呆れられたりします。

ですが、一流アスリートは、うつ治療や投薬治療を必要としない。なぜでしょうか。
一流アスリートは、うつになれるくらい悩むこともできるし、そこから切り替えて、超ポジティブ思考に転換することもできるからです。つまり、完璧に結果にこだわるからこそ、感情自体を、その時々に合わせて調節できてしまうのです。

大事なのは、「自分の考え方のクセに気づき、それを活用すること」。
短所と思いがちな考え方のクセも、あなたにとっては大事な武器にもなりえます。

4日目では、自分の考え方のクセにポイントを当てて、さらに深く「本当の自分を知る」練習をしてみましょう。

準備 DAY1 DAY2 DAY3 DAY4 DAY5 DAY6 DAY7 振り返り

NOTE

「自分の考え方のクセ」を活用しよう

考え方のクセ	自分の傾向 （すごくあるなら○、多少あるなら△、わからない、まったくないなら、×をつけてみましょう）	それぞれの思考が出るのはどんなときですか？ 具体例を書いてみましょう
例）べき思考	○	電車の車内で若者が大きな音で音楽を聴いていると、人の迷惑を考えるべきだろ、とイラつく
べき思考		
どうせ思考		
過去執着思考		
未来不安思考		
完璧思考		
読心思考		

準備
DAY 1
DAY 2
DAY 3
DAY 4
DAY 5
DAY 6
DAY 7
振り返り

●自分の考え方のクセの中で、良い面もあると思えるのは、どのクセですか？
それはなぜですか？（90ページを参考にして考えてみましょう）

●上記をやってみたが、それでも、どう考えてもマイナスな面しか考えられない自分の悪い考え方のクセは何ですか？　それはなぜですか？

●上記のワークをやってみて、どんなことを感じましたか？
また今日1日を振り返って何か自分の考えや感情で変化がありましたか？
気づいたこと、感じたことを、書き留めておきましょう。

感情の上手な伝え方とは？

自分の状況を、人に上手に伝えよう

私が行う企業研修では、二人組になって「あなたにとってストレスとは？」という質問をし合うワークがあります。

目的は「自分が今抱えているストレスを話すことで頭の整理をすること」と、「人によってストレスは違うということを実践的に理解すること」です。しかし、このワークに苦笑いをする方が時々います。

「自分のストレスを他人に話すのは恥ずかしい。そのこと自体がストレスだよ」

確かに、「ストレスがあるのはメンタルが弱いからだ」という考え方を持っていたり、「つまんないことでストレスを感じていることを人に話すなんてみっともない」と思う方もいます。

その気持ちはわかります。

私自身、五輪でメダルを獲得し、競技引退後、アメリカの大学院で似たようなワークをやったときに、カッコ悪い自分を見せたくなくて、ずいぶんと抵抗を感じたものです。

当時は、勝手に自分自身に「私はメダリスト」というレッテルを貼ってカッコつけていたので、本当の自分のアホさを露呈するなんてありえないことだったのです。当時の私は、ストレスは悪いもの。あるべきでないとしか思えていなかったからです。

「真面目な日本人」（良くも悪くも）である私たちの中には、マイナスな感情を表に出すことを良しとしない人も多くいます。黙々と謙虚に自分の感情を犠牲にしてでも我慢して働き続ける……といったことを美徳とさえする方もいます。実際、想像力や創造性を必要としないルーチン的な仕事であれば、「考えないで動くこと」が効率的でもあるでしょう。

ですが、86ページのコラムでも述べたとおり、今のストレス環境は昔とは違います。そしてそのストレス社会の中で、公私共に自分という人間の資質を活かした人生を送るためには「自分の感情を殺して生きる」ことこそ、ストレスになるばかりか、やる気さえも失う可能性があります。

さらに、近年、私たちの仕事は複雑化し、一人で抱えられる仕事は限度を超えています。「互いの違いを認め、互いで補い、効果を出していく仕事力」こそがこれからの私たちに重要だということは、すでに日々の生活で感じておられるとも思います。

そんなときに、公私共に基本スキルとして大事になってくるのが、「今の自分の状況を相手に伝える力」という意味でのコミュニケーション力です。そして、この「あなたにとってストレスとは？」に答えることが、まさに基本スキルなのです。

「今、自分は、どういう思考状態で、どういう心理状態にあるのか」。

このことを互いにシェアしてこそ、はじめて本当のチームワークが可能になり、本当の信頼関係の構築が可能になるのです。

上司と部下の関係、ビジネスパートナー同士、夫婦関係、親子関係、友人関係……。

どんな人間関係でも大事なのは、互いが「目の前にある事実を、自分はどう見ているか」をシェアすることです。そして、そのことが互いの思考や感情にどう影響しているかのシェアです。

感情整理ノートを4日間やってきたあなたなら、お気づきでしょう。人は、目の前の事実で落ち込んだり、不安になったりするのではないですよね。「その事実を自分がどうとらえるか」によって、その人の感情は変わってくるのだと説明してきました。

つまり同じ事実が目の前にあっても、それに対してイラついている人もいれば、落ち込んでいる人もいる。もっと言えば、事実そのものの理解が違っているということです。その理解の違いを互いで確認することこそが、自分の感情を上手に伝えるという基本スキルになります。

これができると、自分自身が理想とする支援をもらえるようになったり、逆に、自分が誰かの良き支援者になることが可能になります。そして、WIN－WINの人間関係の構築は、自分の自信にもつながります。

ということで、ここでは少し視点を変えて、「他人に働きかける」ことについて考えてみましょう。

これまで4日間、自分自身を見つめる作業を行ってきましたが、次にすべきは、「自分を整理して、じゃあ、どうするか」という対外的な行動です。

自分の思考や感情を理解して、「そうか自分はこういうことに悩んでいるのか」と整理ができたら、次にとるべきは、「その悩みをどう解決するか」という行動です。

行動には当然、自分だけでできることもありますが、多くの場合、「他人に上手に自分の状態を伝えて、解決行動をしていく」ことが必要になっていきます。ここでは、自分の感情の上手な伝え方を考えていきましょう。

以下、「感情の上手な伝え方」について、実例を挙げて、順番にまとめます。ぜひ参考にしてみてください。

事例 上司に誤解をされて、自分のせいではないことで叱られ、かつ、自分の能力不足という理由でプロジェクトから降りるように命じられた。

❶自分が理解している事実の説明をする

例：「ただ今、○○さん（上司）から自分の能力不足ということで、プロジェクトを降りるように命じられましたこと、確かに理解しました」（ここでは自分の言い訳や感情は伝えない。相手の要旨を理解できていることを確認するだけ。ここが間違っていたら、自分は、国語力がないことになる）

❷そのことに対して自分はどう考え、感じているのかを、自分を主語にして伝える。このとき、相手が悪いといった評価のニュアンスは必ず避ける

例：「自分の能力不足については、反論もなく、そしてご迷惑をおかけしたことを申し訳なく思っております。しかし同時に、〇〇については、自分としては〇〇という理解で行ったことであり、そのことについてお叱りをいただきましたこと、自分勝手で恐縮ですが、悲しく感じております。最も悲しいのは、〇〇さんに誤解をされてしまったのではないか、ということです」

❸自分から見る事実から出た問題に対して、自分なりの解決策を提示する

例：「当然、今回のプロジェクトでは、まだ自分は能力不足でお役に立てない立場なわけですが、もし〇〇でお役に立つことができるようでしたら、いつでもお声がけください。また、上司の〇〇さんにはお手間をおかけすることになり恐縮ですが、今後、自分がもっと能力をつけ、少しでも会社に役立つ人間になるために、今後〇〇さんとお仕事をさせていただく際は、確認を前もってさせていただき、自分が誤解を招くような行動は決してとらないようにいたします」

❹自分の示した解決策は、会社、上司、自分に、どのような成果をもたらすかを伝える

例：「そうすれば、少しずつではあるかもしれませんが、会社の戦力になれると思います。今回の失敗を繰り返してさらにご迷惑をおかけしないためにも、何卒よろしくお願いいたします」

人にはさまざまな「考え方のクセ」がある

自分が「苦手な相手」とはどんな人か、言葉にしてみよう

前項（102ページ）では、「上手に自分の感情を伝える方法」をご紹介しました。この方法は、どんな相手に対しても有効なものではありますが、いざ実行するとなると「誰にでも」というわけにはいかないと感じる方も多いと思います。

つまり私たちは、自分の考え方のクセも手伝って か、つい、「苦手な相手」という存在をつくってしまうのです。

たとえば内向的な人から見て、何でもズバズバものを言う豪快な人に対し、「強くハッキリものを言う思考の人に自分の感情を伝えるのは、苦手だなあ」

と感じることがあるかもしれません。このように自分とは違う〈考え方のクセ〉がある相手には苦手意識を持ちやすいものです。特に、これまでの人生経験の中で「苦手だった中学校の数学の先生に雰囲気が似ている」とか、「私は小さい頃から、このタイプの人には嫌われやすいんだ」といった思い込みをつくってしまっていると、なおさらです。

感情整理のヒント❼

あなたは、どんなタイプの人に苦手意識を感じるのでしょうか？　それはなぜでしょうか？　自分が苦手に感じる人に対してでも、その人を苦手と思わない人もいるはずです。だとすれば、それはどんなタイプの人でしょう？　ここで少し考えてみましょう。

●私の苦手なタイプの人は…

●なぜ苦手に感じるかというと…

●自分が苦手と感じるのは、どういう思考のクセが自分にあるからなのか？

●どういう思考を持っている人だと、
苦手と感じる人を苦手と感じないのだろうか？

コラム❸

ストレスをパワーにできる人の共通特性「3C」

トップアスリートはメンタルが強いのか？

「私、メンタルを強くしたいんです！」
よく言われる言葉です。そんなとき私は、「あなたにとって強いメンタルとは、どういうことを指しますか？」と逆に質問するのですが、大体返答は似ています。

「どんなときも動じない」
「誰に何を言われても堂々としている」
「不安がなく、ポジティブ思考で行動できる」

といったことが、「メンタルが強いということのたとえ」であることが多いです。

確かに、「大事なここ一番」で実力を発揮するには、このような「強いメンタル」が必要でしょう。「どんなときも」、私たちが動じないで堂々としていて常にポジティブ思考でいられたら、そりゃあ強いです。

しかし、実際、それは不可能です。どんな一流アスリートでも、不可能です。

それはなぜか。なぜ、どんな一流アスリートでも、世界を相手にビジネスで成功している人でも、「常に強い自分でいること」が不可能なのでしょうか。

私たちは人生を重ねる中で、さまざまな試練にぶつかります。自分が大きな病気になることも辛いですが、もっとも辛い試練は、何か自分にとってかけがえのないものを失うこと、たとえば家族や愛する人の死などです。

私たちには生きているかぎり避けられない、大きなストレスがあります。努力をしても、準備をしても、起きてしまう大きなストレスには、どんな強い人間だって、ボロボロになることもあるのです。

どんな人間も生身の人間。

大事なものを喪失したり、喪失するかもしれないと恐怖を抱けば、感情は「動じる」のです。

では、メンタルを強くはできないのか？

実は、強いメンタルなど目指すべきではありません。**私たちが目指すべきは「強い」ではなく「しなやかな」メンタルです**。

どんなに辛い試練が訪れても、ガチガチに固まった「強いメンタル」で立ち向かうのではなく、自在に試練を操れる「しなやかなメンタル」、これが大事なのです。

一流アスリートは、「しなやかなメンタル」を持っています。

「しなやかなメンタル」とは、変な言い方ですが、**悩むときにはしっかり悩むことができ、そして、悩む時期は過ぎたと決めれば、自分で悩むのをやめることができるメンタルのこと**を指します。

人生のさまざまな逆境の中、「失敗や挫折のときに、ちゃんと悩むことができる」。そして、その「痛い失敗経験」を次の挑戦への種に変えていける。自分の人生で、どん底という谷もつくることができるし、そこから這い上がるきっかけも自分でつくることができる。

こんな感情コントロールができる人こそ、しなやかなメンタルの持ち主といえるでしょう。

1980年初頭に米国で行われたスザンヌ・コバサ博士の心理研究で、ストレスを対処できるだけでなく、パワーにできる人の共通特性は3つのCといわれています。

「CONTROL（コントロール）」
「CHALLENGE（挑戦）」
「COMMITMENT（コミットメント）」

ここでいう「コントロール」とは、出来事の推移に対して、自らの力が影響を及ぼすことができると信じ、行動しようとする傾向のことです。

「チャレンジ」とは、安定よりもむしろ変化が人生の常であり、成長の機会であるととらえる傾向のことです。

そして「コミットメント」は、人生のさまざまな状況に対して、自ら積極的にかかわろうとする傾向を指します。

この3つのCを見ると、すごいことのように感じて、「ああ、自分には無理だな」と思う方もおられるかもしれません。もしもそう感じる方は、すぐこれを目指そうとは考えず、まずは「しなやかに自分をコントロールする力」に集中しましょう。

あなたの感情はコントロールできるのです！　そのためには「何をどうコントロールするのか」を知

るために、「自分の本当の感情」に気づき、一つひとつ、まるでオセロの黒を白に裏返していくように「自分のとらえ方」をコントロールしましょう。

どんなときも動じないように……ではなく、まずは、「動じてみる」。動じる自分に気づいてあげる。そうすれば、自分のストレス傾向がわかり、結果的に、自分のオリジナルコントロール方略が見えてきます。

一流アスリートも「落ち込むんです」。

まずはちゃんと「落ち込んで」、そして、その「落ち込み」の解決法を考えていきましょう！

自分のストレスを整理する

「デイリーハッスル」と「ライフイベント」

ここまでを読み終えて、今一度、「この7日間で解決したいストレスは何だろう？」という自問をしてみましょう。

ここでは、解決したいストレスを二つに分けて考えます。「日々の些細なストレス」と「大きな人生の節目ストレス」です。

これまでは自分が目の前の事実であるストレス原因をどうとらえているか、どう感じているかに焦点を当ててきましたが、ここでは、原因そのものを整理します。

私たちの中には、日々、一つひとつを見れば大したことでなくても、積もると、ストレス原因になってしまうというものがあります。こういった「日々の些細なストレス」を、「デイリーハッスル（日常のいら立ち事）」といいます。

デイリーハッスルは、私たちにストレスを感じさせるきっかけです。たとえば、毎朝の通勤ラッシュ、毎日会う嫌味な上司、徐々に机の上に積もっていく仕事量、などがそうです。1日だけなら、なんてことはないものなのに……といったものです。

あなたには、こういった些細な積み重なっているストレス原因がありますか？

このデイリーハッスルは、なかなか気づきにくいものなので、思い出せない方は目を閉じて、1週間の自分の行動を思い出してみてください。仕事場、取引先、自宅など、それぞれの生活場面を思い描き、どこかに積み重なっているストレス原因がないか、考えてみましょう。

そして、デイリーハッスルが書けたら、今度は、「大きな人生の節目ストレス」について書いてみます。このストレスを「ライフイベント（人生の出来事）」といいます。私たちがストレスを感じるライフイベントとは、簡単にいえば、大きな変化です。

たとえば、住み慣れていた場所から引越しをした、経理職から突然営業職に異動になった、離婚をした、といったことです。また他人が見れば良い変化と思う結婚や出産といった祝い事も、本人には「大きな変化」なので、ストレスを感じることもあります。

117ページで、今の自分が持っているストレスを具体的に整理していきましょう。「今の自分には、こんなデイリーハッスルがあり、こんなライフイベントがあるんだ」と可視化することで、今の自分を客観的に整理していきましょう。

NOTE

自分が持っているストレスを整理する

デイリーハッスル	ライフイベント
公的な自分、ビジネスシーンでの自分	公的な自分、ビジネスシーンでの自分
私的な自分、 プライベートシーンでの自分	私的な自分、 プライベートシーンでの自分

5日目のあなたの今日1日を思い出してみよう
（引き続き、いつもの感情整理ノートを書いておきましょう→P219へ）

思考や感情はあなたのすべてに影響を与える

セルフトークでポジティブな自分をつくろう

スポーツ心理学の研究で「アスリートは、自分が考えたり感じたりしているとおりの行動を試合で出す」ことがわかっています。

つまり、心の中で考えていることは、行動に影響するということです。

その「心の中で考えていること」が、セルフトークです。

セルフトークとは、いわば「あなたが心の中でつぶやいているひとり言」です。このひとり言が、あなたの行動に影響を与えています。

たとえば、どんなに自信を持っているようにふるまっていても、もし「失敗したら監督に怒られる」「なんで自分がこんな責任ある役目をしなきゃいけないんだ」といった後ろ向きなことを心の中で考えていたら、当然、その思考が身体の筋肉の動きに伝わり、結果として行動に影響するわけです。

120～121ページのポジティブサークルとネガティブサークルを見れば、納得いただけると思います。

セルフトークがポジティブで、論理的、建設的なもの、自分を支援するもの（自分に自信を与えるもの）であれば、そのまま行動が、ポジティブで論理的で建設的で、自信を持ったものになります。

逆に、自分の能力に疑問を持つ言葉、自分のこれから起こす行動に不安を持つ言葉、または、結果を意識しすぎる言葉を、自分に語り続ければ、当然、行動は委縮するということです。

セルフトークは、自分という人間の「プログラミング」でもあります。

長年、無意識のうちにでも「自分を否定するようなセルフトーク」を語り続けていたのであれば、そのことが、自分の人生観、信念、価値観にも影響し、「自分は自分をどう見ているか」というセルフイメージ（自己像）にも悪く影響させていることになります。

もし今までの自分の「プログラミング」がネガティブなものだったのなら、今すぐに修正し、時間をかけて少しずつでもいいので、ポジティブなプログラミングに書き換えていくことが大事です。

セルフトークは、これまでのワークで行ってきた自分の感情や考え方のクセにも影響しています。

セルフトークはあなたのすべてに影響を与える

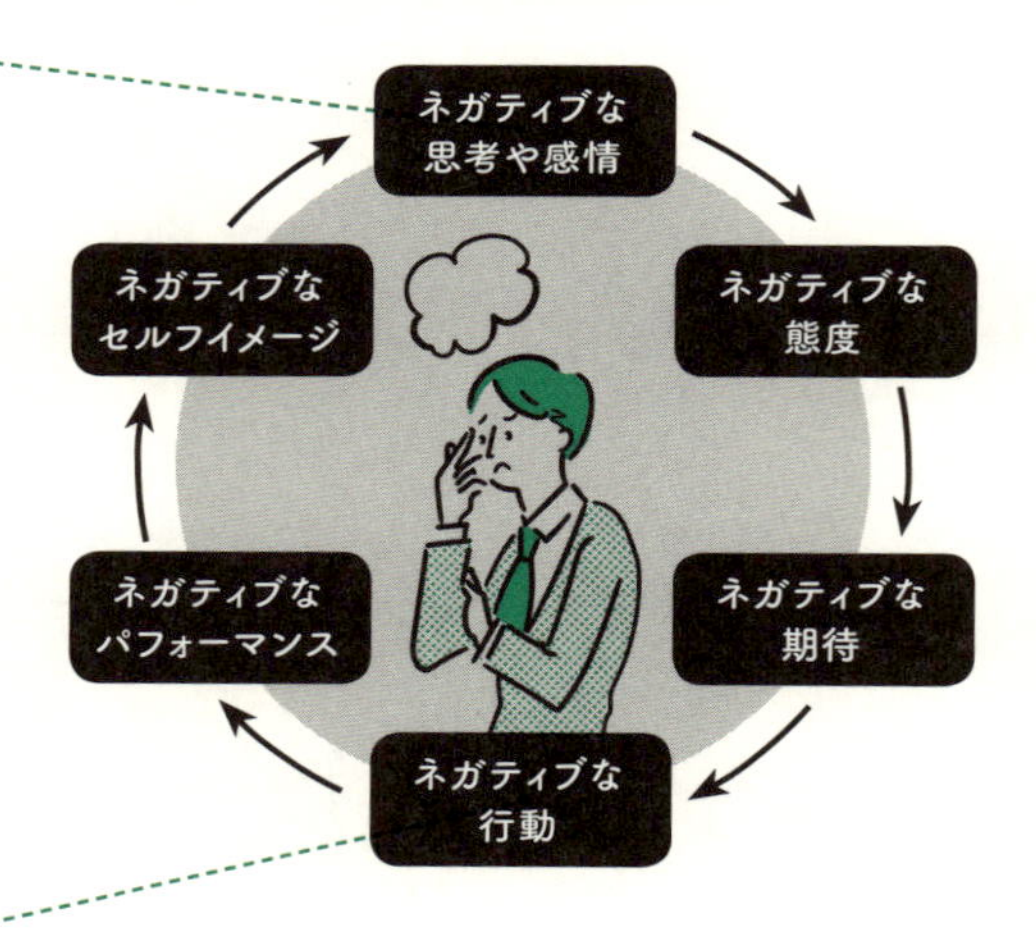

まずは下記の順番で、セルフトークについて考えていきましょう。

❶自分は日頃何を言っているのか、自分のセルフトークに気づいてみる。

❷よく言っているセルフトークをノートに書いて、視覚化してみる。

❸どのセルフトークが自分に悪い影響を及ぼしていて、
どのセルフトークは自分に無害か、仕分けをする。

❹悪いセルフトークは良いものに変えていく。

ポジティブサークル
ポジティブな
思考や感情
ポジティブな
態度
ポジティブな
期待
ポジティブな
行動
ポジティブな
パフォーマンス
ポジティブな
セルフイメージ

「どうせ」「やっぱり」のマイナス連鎖を断ち切る

ネガティブ・セルフトークをポジティブ・セルフトークに変えよう

●ネガティブなセルフトークに対し、「それは事実か？」「根拠はあるのか？」と自問し、ネガティブ・セルフトークは、たんなる自分の思い込みに過ぎないことを確認する。

例：「私はどうせ何の役にも立たない人間なんだ」
↑絶対にどんなときも役に立たないという根拠はどこか？

●ネガティブなイメージの自分の中にも、長所があるという事実を思い出す。

例：たまには役に立っているのだとしたら、それはどういうときか？　誰に対して、どんな状況下だと、自分は少しは役に立つことができるのか？

●小さな証拠でもいいので、事実であるポジティブな自分を言葉にして確認する。

例：確かに、自分は、今の慣れない仕事では役立たずではあるが、ずっと慣れ親しんできた前職では、そこそこ役立っている人間だった。自分は役に立つときと立たないときがあるだけだ。

●**自分の頭の中に、自分オリジナルのチアリーダーがいるとして、そのチアリーダーが自分を励ましてくれるとイメージして、セルフトークを考える。**

例：「よしよし！　その調子！　やればできる！」「失敗は成功までの経過に過ぎない！　あきらめないで！」「やり続ければ必ずその経験が自信になるよ！」

●**偉人の言葉や印象に残った格言などをそのまま暗記して、自分に語りかける。**

●**他人に言われた褒め言葉などで嬉しかったことを自分でも語りかける。**

例：がんばり屋だね、コツコツ真面目に仕事している自分はすごい。

●**自分を励ますセルフトークは、自宅のトイレや冷蔵庫など見える場所に貼っておく。**

こういったワークは、最初は照れくさいと感じたり、こんなことで変わるのかな？と疑問に思うかもしれません。しかし、そのセルフトークこそが、あなたのこれまでのネガティブなプログラミングなのです！「こんなことで変わるのかな？」というネガティブ・セルフトークが、ネガティブな行動である「やっぱりどうせ無理に決まっている、やめよう」につながるのです。このマイナス連鎖を断ち切るために、セルフトークを少しずつ変えていきましょう。

そうです。ただ言葉をポジティブに変えて、それを自分でつぶやくだけでいいのです。

●自分は日頃何を言っているのか、自分のセルフトークに気づいてみる。
（日々、心の中でつぶやいている言葉を思い出して書いてみよう）

●自分に悪い影響を及ぼしているネガティブ・セルフトークは？

●ネガティブ・セルフトークをポジティブ・セルフトークに変えてみよう。

コラム❹

笑顔で街を歩いてみよう

自分も他人もハッピーにする最高の習慣

一人で道を歩いているときに、笑顔で歩こうという意識をしたことはありますか？

笑顔は、ストレス軽減にとても効果のある「行動」です。

医学の世界でも「笑うことで免疫力が高まる」と言われていたり、笑っているとリラックス効果があると言われていますが、２０１２年、笑顔とストレスの関係についての新しい研究結果が、アメリカのカンザス大学で発表されました。

心理学者のタラ・クラフトとサラ・プレスマンの研究で、ストレス下にある最中に笑顔をつくり続けていたグループは、そうでないグループよりも、ネガティブな感情を抱きにくく、心拍数が低いことがわかりました。この研究では、たんに笑顔といっても、「ただ笑顔になるような口の形にするために箸を加えて笑っているふりをしているグループ」と「本当に笑っているグループ」の比較もしているのですが、この箸を加えて笑ったふりをしているグループですら、ストレス軽減に効果があったことがわかりました。

私自身、この笑顔というストレス対処行動を日常的に意識してやっています。

たとえば運転中に急に渋滞にはまったときなど、イラッとして「あー、もうついてないなあ！」と眉間にシワを寄せてしまいそうになると、あわてて口角をあげて、笑いながら、「つーいてなーいなー」とゆっくりした口調で言うようにします（笑）

これはぜひダマされたと思ってやっていただきたいのですが、面白いことに、目の前の「渋滞という事実」に対して、眉間にシワを寄せるという行動で反応するよりも、笑顔という行動で反応したほうが、明らかに気分が柔らかいものになるのを感じます。

特に、イラッとするといった交感神経を優位にしてしまうストレス反応は、心臓にも負荷をかけますから、たかが笑顔をつくるだけでも、身体の健康に良い影響があります。

さらに、笑顔で道を歩こうと意識すると、また違った「良い気分」を味わうことができます。

ひとつは、笑顔でいるだけで、日常の景色が変わって見えることです。「ああ、今日は気持ちいい日だなあ」とか、「あれ、こんなところにキレイな花が咲いている」など、自分が快の感情を覚えるところに気持ちの焦点が合ってくるのがわかります。

もうひとつは、笑顔で歩いていると、対面で歩いてくる他人の顔も柔らかくなることに気づきます。逆をやってみれば、これも興味深いのですが、自分が怒った顔をして道を歩くと、通り過ぎていく人も、皆さん、顔をこわばらせるのです。あたかも通り過ぎながらひとり言で、「あら、この目の前から歩いてくる女性、何怒ってんのかしら、感じ悪い」とでも言っているかのようにです。

通り過ぎていく他人が恐い顔ばかりしている環境と、温かい笑顔を返してくれる環境では、どちらが、あなたにとって気持ちのいいものか……。そもそも笑顔は、自分をマイナスにするリスクはゼロなわけですから、こんなにラクなストレス対処法はありません。

このように日常で笑顔の習慣をつくることは大事なのですが、同時に、前述のカンザス大学の研究結果のような笑顔の使い方も良いでしょう。つまり、何か自分にとってストレスである問題を解決しなければいけないときこそ、ニコニコしながら「どうしようかなあ」と考えることにするのも、能動的なストレス対処行動になります。

笑顔が習慣化してくると、セルフトークにも良い影響を与えます。セルフトークがポジティブになれば、連鎖してポジティブサークルで、自分の感情、思考、行動がうまくいくようになります。

以前、ある雑誌の取材で、笑顔とストレスの関係について、編集者さんに話したことがあります。そして、取材が終わった後、私は、編集者さんに「どうぞ、お帰りの際は、さっき話したように、ストレス対処行動として、駅までニコニコしながら帰ってくださいね。きっと快の感情を感じやすくなりますよ」と申し上げました。

数日後、編集者さんからメールがきました。

「京さん、笑顔の威力すごいです！　たった5分の駅までの距離で、二人も知らない人から道を尋ねられました。一人は、別れ際に、私にお礼を言いながら、『あなたが優しそうな方に見えたので、きっとこの方なら、道を教えてくれるだろうと思ったんです。本当にありがとう』と言ってもらいました！　なんか自分がすごくいい人になったみたいで、とっても嬉しかったです！」

笑顔でいると、自分がハッピーになるだけでなく、自分の周囲の他人をもハッピーにしたり、あるいは誰かを助けてあげることだってできるのです。

私は、日本の通勤ラッシュ時には、必ず全員笑顔でいなければならない！という条例でも決めさせてもらえば、日本の一人一人のストレスはかなり激減されるのではないか、と本気で思っています。

考え方のクセや感情を整理する

これまでのノートを見直す

これまでを振り返ってみましょう。大きく、次の3つをやってきました。

❶自分の問題は何か?
❷どんな感情があるか?
❸なぜそういった感情を覚えるのか、どんな考え方のクセがあるのか?

6日目は、これまでの内容を見ながら、「今の自分の状況」を整理していきましょう。

整理するにあたって大事な点はこんなことです。今の自分の状況から出た【原因】【考

え方のクセ】【感情】のそれぞれに対し、【対処行動】を考えること。自分がこれからでき

る行動に焦点を当てていくこと。

ある40代男性経営者の実例です。

当初、彼が私のところに来た理由は、「ストレスがあるので、メンタルを強くしたい」でした。「どんなストレスがあるのか、メンタルのどこを、どう強くしたいのか」といった詳細を聞かなければ解決行動（メンタルを強くするための行動）を計画実施できないので、私は一つひとつ質問をさせていただき、今の彼に起きている【原因】【考え方のクセ】【感情】を整理することにしました。

しかし彼は、原因の部分に「仕事でストレスがある」と書いたあとは何も出てきません。いろいろ話を聞くうち、「あれ？　彼が本当に解決したい問題は仕事のストレスじゃないぞ」と、次第に理解し始めました。少しずつ紐解いていくと、彼の状態は次のような状態であったことを、彼自身が見つけていきました。

【原因】仕事のストレス

⬇【考え方のクセ】？？？

⬇【感情】？？？

ではなく、

【原因】やらねばならない仕事に対しストレスを感じている自分

⬇【考え方のクセ】やらねばならない責任感に対する「ちゃんとやり遂げたい」という完璧思考。同時に、ストレスを感じてしまっている自分に対する「本当はそうあるべきではない」というべき思考

⬇【反応】疲れている、落ち込んでいる、体調も悪い

彼のストレス原因は、仕事自体ではなく、「ストレスを持つべきではない自分がストレスを感じている」ということでした。

このことをご本人が客観的に「ああ、そりゃそうだよね」ととらえることができれば、本当の「エネルギー溢れる、努力家で魅力的な彼」を覆いつくしていた「感情」が剥がれます。すると、ご本人さえ忘れていた大事なことが見えてきます。「そもそも自分は、実は……」といって、本当の彼が大切にしている価値観や存在意義などを「言語化」し始めます。

結果、この経営者は、現状の責任ある仕事を上手に発展させながら、同時進行で彼自身が大事にしている価値観を基盤とした新規ビジネスの目標設定を始めています。

このように私たちは、自分が抱えている悩みの「そもそものきっかけ」や「本当に解決しなければいけない問題」を、考え方のクセによって見えなくさせているときがあります。まずは素直に自分の感情や思考を書き出してみることが大事です。

NOTE

考え方のクセや感情を振り返って整理する

●これまでの書き込みを見て、あなたにはどんな問題原因があるか？
（原因をすべて書きましょう）

●それぞれの原因に対して、どんな考え方のクセがあるか？
（考え方のクセをすべて書きましょう）

●それぞれに対し、どんな感情があるのか？
（あなたに起きている感情をすべて書きましょう）

準備

DAY 1

DAY 2

DAY 3

DAY 4

DAY 5

DAY 6

DAY 7

振り返り

●それぞれに対し、身体的にも不調や反応が出ていたら、
それをすべて書きましょう。

●以上の４項目をすべて見ながら、
もし今日から自分ができるポジティブで建設的な対処行動はありますか?

6日目のあなたの今日1日を思い出してみよう
(引き続き、いつもの感情整理ノートを書いておきましょう→P219へ)

幸せかどうかは自分で決めるもの

「5つのプラス行動」を習慣にしよう

これまで私はさまざまな立場の方々のメンタルトレーニングに携わってきましたが、トレーニングを続ける中でこんな不安を口にする人がいます。

「田中さんに言われたとおり、ネガティブ思考に陥るような考え方のクセは、できるだけ建設的で肯定的なセルフトークに言い換えて、ポジティブな方向に意識を変えていっているんですけど……。でも、ただ言葉をポジティブな言葉に言い換えただけで、本当に自分の行動が変わるのでしょうか……?」と、それはそれは悲しそうに、焦りと共におっしゃいます。

確かに、「こんなことをいつまで続けたら、私はポジティブになれるのだろう……?」と不安に感じながら悶々とするうちに、「これって宗教みたいなもんなんじゃないか」「ダマされてるんじゃないか」と思ったりするわけです。

正直、その気持ちはわかります。そもそも私自身が20代の頃に、べっとりと歪んだ考え方のクセを抱え、ネガティブ思考から抜け出せなかったことを振り返れば、その気持ちは、よーくわかります。

当時の私は、ポジティブ思考という言葉を聞くと、「アホか、そんなこと言ってる人がいるから、世の中はおかしいんだ」と、自分の「〜すべき思考」と「過度な一般化思考」で思考を停止させ、それ以上の「考えの深掘り」はしなかったものです。

そして、そうやって「いきがっている自分」が、「なんだか妙に幸せそうな他人」を見てはムカついていたのです（笑）

「自分の人生は幸せだ、なんて言っちゃってる人は、薄っぺらい」と意味不明に否定をしていた私は、なぜそんなに否定をしていたか。理由は今振り返れば、簡単です。

「自分が不幸せでいることを正当化したい」

ただそれだけ。不幸せな人間のほうが努力してるんだ。不幸せな人間のほうが正しいんだ！というような感じです。

これは客観的に見れば、おかしなことです。でも同時に、読者の皆さんの中には、「あ、まるで今の私と一緒だ……」と共感してくださる方もおられるかもしれません（笑）

何らかの考え方のクセがあって、どうにもネガティブ思考から抜け出せない人には、次の言葉は信じられないかもしれません。

「幸せな気持ちになると何事もうまくいく」

おおお。怪しい‼　なんだか胡散臭い壺でも買わされそうですね？（いやいや、すみません、そんな皮肉をメンタルトレーナーの私が言ってはいけません）

「どんな逆境でも、ポジティブ思考で臨めば必ず道は開けるものだ」というようなことは、誰もが一度は聞いたことがあるかもしれません。まったく非科学的な気分の問題だろ、と片付けてしまいがちなのですが、このことが、科学的に1990年代後半からさまざまな心理学や神経科学の研究で証明されつつあります。

私にとって最も衝撃的で、大好きな研究結果がこれです。

「我々の多くが信じているであろう『成功すると幸せになれる』は誤解であり、『幸福を感じていると成功確率が高まる』のが正解である」

つまり、「給料が上がれば幸せになれる」のでもなければ、「名誉にあずかれば幸せになれる」のでもないということです。

初めてこの研究に出会ったとき、私はこの言葉をこんなふうに受け止めました。

「幸せという気持ちは、成功しなければ得られないものなのだと思えば、なんだかとても遠い道のりのように感じてしまうし、そもそもどんな成功を目指せばいいんだろう……と途方に暮れるが、なんだ、自分が幸せになれるかどうかは、自分がどう考えることにするかで、今この一瞬から決まるんだ！」

私が感じたのは、なんとも感動的な自己コントロール感でした。

ポジティブサイコロジーの提唱者の一人、ショーン・エイカー氏は、幸福感の高め方についてハーバードビジネスレビューに掲載した論文「PQ：ポジティブ思考の知能指数」でこのように書いておられます。

「よくある誤解に、遺伝、環境、そしてこれら二つの組み合わせによって、幸福感は決まるというものがある。これら二つの要因が幸福感に影響を及ぼしていることは間違いない。しかし、一般的な『幸福感』というものは、想像以上に状況に左右されやすい。ひるがえせば、あなた自身の習慣、同僚とのつき合い方、ストレスに関する考え方などすべてコントロール可能であり、その結果、幸福感そして成功確率を高めることができる」（ハーバードビジネスレビュー2012年5月号「幸福の戦略」p61より）

「あなた自身の習慣」、つまり、「あなた自身の考え方や感じ方や行動の習慣」。

これが重要だということです。本書でも繰り返しお伝えしてきたように、過去の「自分で自分を苦しめている習慣」を「自分で自分を幸せにさせる習慣」に変える「だけ」で、目の前は変わっていきます。

エイカーの研究では、141ページの図Aにある「5つのプラス行動」を被験者に1日1回、3週間続けて行ってもらう実験をしたところ、その良い影響がずっと続くことが示されているとしています。

ここに示した5つの行動は、誰でもいつでもすぐにできるものばかりです。そして、毎日どれかひとつを行うことを「自分が決めれば」、誰でもずっと続けられるものばかりです。これらの行動のどれかひとつを3週間以上続けると、こんなことに気づけるようになっていきます。

次に実体験を二つ紹介します。これらはすべて、私が指導してきたアスリートやビジネスパーソンが実際に行って感じたことです。

自分がありがたく思うことを三つ挙げようとすると、最初はなかなか見つけにくいが、「今晩、寝る前に三つ挙げなきゃ」などと宿題のように予定しておくと、徐々に、自分の周囲で起きている「ありがたいこと」に対して敏感になった。たとえば、通勤途中、駅までの道を歩いていたら、近所の雑居ビルの前で、せっせと落ち葉を掃除しているおじさんを見かけた。そうか、このおじさんが掃除をしてくれているから、この道はいつもキレイなんだということに、これまで何年も毎日歩いていたのに気づいたことがなかった。幸せな気持ちは、どこにでも落ちているのだ。そう気づいてからは、自分の置かれている人生の見方が変わった。言葉でいえば、「プラス面が見えるようになった」という表現にしかならないが、この気づきは自分にとっては、人生を変えるほどの大きく深いものだ。

自分の同僚に前向きなメッセージを書く、という作業をやろうと思って、ふと気づいた。「どんなことが、今から送る相手にとって前向きなんだろう？ということを自分が理解していないこと」に気づいたのだ。困ったが、あきらめるのももったいない気がして、目を閉じ、相手がどんな気持ちで今仕事をしているだろう？と想像してみた。最初は、なんだか、自分の勝手な思い込みで励ましているのが相手には迷惑になっていないだろうかと不安もあったが、思いがけず、相手から感謝の意を伝えてもらうことが増えた。恥ずかしかったが、とても嬉しい気持ちになる自分がいた。

いかがですか？　最初は、やりにくかったり、気恥ずかしかったりすることもありますが、少しずつ慣れていくにしたがって、「良いことに気づく」というスキルが習慣化されていくということです。

当たり前ですが、習慣にするのに大事なことは、ただただ続けることです。1日忘れても、3日忘れても、思い出したときにまた始める、ということが大事です。

練習として、142〜143ページに思ったことを書いてみましょう。このワークをもとに、幸せをつくる習慣を続けてみてください。

図A

新しい習慣を身につけて、自分で自分を幸せにするための5つのプラス行動

1	自分がありがたく思っていることを3つ挙げる
2	自分の仲間や同僚など、身近な人間に向けて前向きな内容のメッセージを書く
3	自分の席に座って2分間瞑想する
4	10分間運動する
5	24時間以内で、一番有意義だった出来事を2分以内で記述する

新しい習慣を身につけて、自分で自分を幸せにするための5つのプラス行動

❶自分が「ありがたいなあ」と思っていることを３つ挙げてみましょう。

❷自分の仲間や同僚など、身近な人間に向けて
前向きな内容のメッセージを書いてみましょう。

どんな内容のメッセージを誰に送ると良いと思いますか？　練習してみましょう。

❸２分間の瞑想をしてみましょう。

イスに座っても、床に座っても構いません。修行ではないので、どんな姿勢で行っていただいてもいいです。まずは家でやってみましょう。２分は長く感じますか？　短く感じますか？　仕事中、イライラしがちで、時間に追い込まれるような仕事をこなしている方は、２分が非常に長く感じられるものです。瞑想中は、何も考えず、ボーッとしましょう。何か考えが頭に浮かんでしまったら、それを拭おうと必死にはならず、スーッと頭からなくなっていくまで、ボーッとしてみましょう。

❹10分間の運動を記入しましょう。

階段の上り下りでも、ウォーキングでもいいです。
無理なく続けられることにしましょう。

❺24時間以内で、一番有意義だった出来事を2分以内で記述しましょう。

今日、どんなことを学びましたか？　人生では、どんな失敗からも成功からも学ぶことで自己成長が可能です。自分の人生を有意義にするためには、何があっても、そこから何かを学ぼうと思う姿勢でいることが大事です。

コラム❺

呼吸のやり方を学んでストレスをコントロール！

深呼吸でストレスに負けない身体をつくろう

深呼吸は、誰にでもすぐにできる最も簡単で効果の高いストレス対処法です。

たとえば、イラつく、ムカつくというような怒りの感情や、緊張といったストレスを感じているときは、身体の中では、交感神経が悪く高まった状態になっています。心臓がドキドキしたり、手が震えたり、というような身体反応も出てきます。

この心身のストレスを落ち着かせるためには、息を吐くことが重要です。鼻で息を4カウントくらいのペースで吸ってから、吐くときには口から、倍の8カウントくらいのペースでゆっくり長く吐きます。長く吐くと、副交感神経が高まり、怒りや緊張を抑える働きがあります。

また、自信をなくす、落ち込むといった感情や、やる気が起きないといったストレスを感じているときは、身体の中では、副交感神経が悪く高まった状態になっています。こういったストレス時には、息を「はっ！」と一気に吐きましょう。鼻で息を大きく吸って、吐くときには口から、一気に「はっ！」と声を出して吐き切ります。腹筋を一気に収縮させて、大きな声で一気に吐くと、交感神経が高まり、少なくとも身体は活発になります。

深呼吸によって、まず身体のストレスを対処し、身体の状態をリセットさせてから、自分の感情や思考に向き合うと、より建設的で、肯定的なストレス整理ができるのですが、この深呼吸、ちゃんとできるようになるためには少々、練習が必要です！

ぜひ今日から、毎晩寝る前に行っていただきたいことが、**深呼吸を上手にできるようになるための「肺のまわりのインナーマッスルトレーニング」**です。

146〜147ページのイラストにしたがって、毎晩やってみましょう。7日間続ければ、「空気をたくさん吸って、吐けるようになった」といった変化を感じられるだけでなく、継続していくことで新陳代謝が増し、ダイエット効果が期待できるようになります。また、身体の体幹のインナーマッスルを刺激しているので、胃や腸の調子が良くなるといった効果を感じる方もおられることでしょう。

まずは、このトレーニングをすることで、正しい深呼吸を習得し、いざというストレス時にも、使えるようにしておきましょう。

コラム❺

肺のまわりのインナーマッスルトレーニング

上手に深呼吸できるようになるために、
このトレーニングを毎晩寝る前にやってみましょう。
7日間続ければ、「空気をたくさん吸って吐けるようになる」ことを
実感するとともに、新陳代謝が増し、ダイエット効果も期待できます。
体幹のインナーマッスルを刺激するので、
胃腸の調子が良くなるという効果を感じられるかもしれません。

1

肋骨に両手を当てて、息を吸う

ラクな状態でイスなどに腰掛ける。
膝は少し開く。
目は半眼か閉じる。
肋骨の上に手を置きながら鼻で息を吸う。
吸いながら肋骨が拡がるのを手で感じる。

2

肋骨を広げ、お腹にまで 空気がたまっていくイメージ

身体が花瓶になったように、
下から空気が入っていくイメージで、
お腹を膨らまし、胸まで空気を入れ込んだら、
息を止める。このとき、肩の力は抜く。

3

息を長く吐く

息を吐きながら、少しずつ
花瓶の水を外に流すようなイメージで、
胸、胃、お腹の順番で、
空気を吐ききるイメージ。
この間、肩や腕などの筋肉は
リラックスさせておく。

1〜**3**を1セットとし、3回行う。

DAY 7

1週間のまとめ

現在の自分の問題を最終的に整理する

さあ、最終日です。ここで行うのは、「これまでいろいろな側面から自分自身を見てきたが、結論として、自分には今、いったい何が起きているのか？」を整理し、見極めることです。そして、この見極めをしてから、振り返りの章で行う「そうであれば、じゃあどうするか？」という行動指針を決めていきます。

あなたの人生はまぎれもなく、あなたのものです。絶対に、絶対に、誰かに左右されてはいけません。

なぜ左右されてはいけないのか？　答えはシンプルです。

自分の人生は自分でコントロールできている感がなければ「何のために生きているのか？」「誰のために生きているのか？」という、人生を生きていくための根源的なやる気が生まれてこないからです。

しかし、私たちは生きていく中でしょっちゅう、「他人に、あるいは、環境に左右されている」と「感じます」。


「自分の意思とは違う人事異動」

「自分の目指したいことを出せない環境」

「自分を理解してくれない上司や同僚」


挙げればキリがありません。

さらに、もっと究極的なことを言えば、

「愛する人の死」

「自分の病気や事故」

といった、コントロールしたくてもできない、厳しく辛い出来事が、私たちの人生には降り続けます。

確かに、人生で起こる出来事はコントロールできないものです。

だからこそ、あなたの人生はあなたの日々の整理と決断にかかっているのです。


感情整理ノートを通して、何度も繰り返しやってきました。

「どんな人生の出来事で、私はどう感じ、どう考えているのか」

「私には、どういう考えがあるから、目の前の出来事を歪んで見ているのか」


このことを知ることで、あなたは、「本当にコントロールできない事実が何か」をしっかりと見極め「それをじゃあどうするのか」という決断をできるようになるのです。

ここでは、決断の準備としてのワークをしていきます。最後のワークです。ゆっくり時間を取って、これまでの感情整理ノートを振り返りながらやってみましょう。

NOTE

考え方のクセについての客観的整理

● 今抱えている悩みについて、特徴的な考え方のクセはどんなものか？

● 一般的に、私にありがちな「目の前の出来事」を歪んで見る考え方のクセは？

● そのクセは、なぜ自分の価値観としてあるのだろう？
親から言われたことか？　学校で言われたことか？
これまでの人生でのどんな影響で、このクセは構築されてきたのだろうか？

● この考え方のクセによって、これまで私は成功してきたことはあるか？
この考え方のクセの良い点、魅力は何か？

● この考え方のクセは、いつどんなときに、どんなふうに使えるようになると、
私の良い魅力になるだろうか？

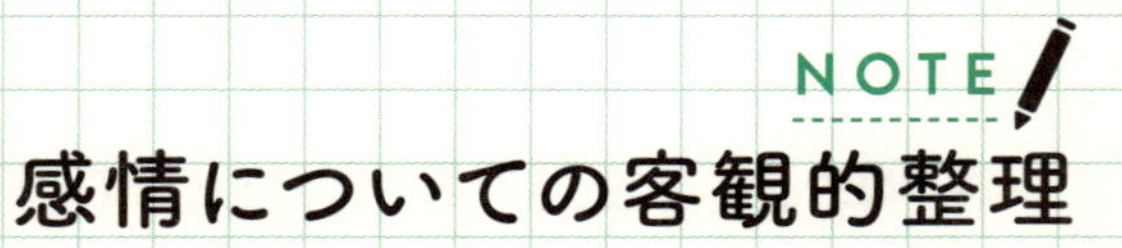

感情についての客観的整理

●今抱えている悩みについて、特徴的な感情はどんなものか？

●一般的に、私にありがちな感情は？

●どんな出来事のときに、また、どんな考え方をしているときに、
私はどういう感情になりがちであるか？

●自分にとってすぐにできそうな気分転換の方法は何かあるか？
ここでは身体に良い気分転換を書こう（暴飲暴食、他人を殴るなどはNG）。

●身体的に負荷のかかるようなことでも、自分にとって気分がいいことはどんなことか？

NOTE

現在の自分の問題を整理する

● 151、152ページで考え方と感情の整理をした。それを踏まえて、
結果的に、自分の今置かれている状況で、自分がストレスを感じている、
変えたいこと（問題の事実）は何か？

● 上で挙げた「変えたいこと（問題の事実）」は、
「変えようと思えば変えられるもの」か、「変えようとしても変えられないもの」か？
まず変えようと思えば変えられるものは何か？

● 変えようとしても変えられないものは何か？

● 変えようとしても変えられないものに対しては、どんな考え方で、
そのことをとらえると、少しは気分が緩和されるのか？

● 変えようと思えば変えられるものを自分が変えたら、
その変化で引き起こされる新たな「ストレス」は何だと想像できるか？

どんなことが起きても、それを2つに分けて考える習慣をつけよう

考え方ひとつでどうにでもなること、ならないこと

私たちがストレスを感じる「外的な出来事」は、2つに仕分けできます。

❶自分の考え方次第では、まったくストレスにならない出来事。

❷自分の考え方がどんなにポジティブでも、自分に悪影響となる出来事。

最初に挙げた❶は、たとえば、満員電車の車内で、隣の人と肩がぶつかったというような出来事があったとします。こういった出来事は、当事者の考え方ひとつで、ストレスにもなるし、まったく気にならないで終わることもあります。

実際、隣とぶつかっただけで「バカにされた」とか「ありえない」という「べき思考」で、出来事を肥大化させ、殺人まで起こしてしまう人もいれば、「あ、ごめんなさい」と互いに言って終わることもあるわけですね。これが❶の例です。

❷の例としては、たとえば、交通事故にあって命に別条はないけれど1週間入院することになったと

します。当然、ケガは身体的苦痛ですし、社会生活をいったん停止せざるを得ないことで生じる社会的、経済的負荷は、個人によってははかりしれないマイナスだと考えられます。

「命があってよかった」

「これまでの疲れを休めるきっかけを神様がくれたんだ」

と、出来事をポジティブにとらえようとする「ポジティブな考え方」をすることは可能ですが、同時に、心理的にどれだけポジティブにとらえようとも、社会的、経済的マイナスは事実です。そうであれば、心理的にポジティブにすると同時に、「じゃあ、どうするか」という、起きた出来事に対する戦略的、技術的対処が必要になります。

ここで大事なことは、❷のときに、出来事を歪んだ考え方で無駄に肥大化させないことです。

すでに悪い出来事なのですから、それをさらに悪化させては意味がありません。

「ああ、運が悪かった。やっぱりオレの人生はついていないんだ」

と、わざわざ非現実的に落ち込む必要はないし、「事故の加害者を一生恨んで、自分と同じ目にあわせてやる」などと、さらに新たな違うストレスを増強させても、もったいないだけです。

あなたの日々に起きる出来事は、どちらの出来事ですか？

その仕分けを意識するだけで、人生は思っていたよりも、コントロール可能なことが多いことに気づけると思います。

準備 DAY1 DAY2 DAY3 DAY4 DAY5 DAY6 DAY7 振り返り

NOTE

ストレスを感じる出来事を2つに分ける練習をしよう

これまでの自分の経験で、出来事の仕分けを練習してみましょう。

● これまでの経験で、自分の考え方次第ではまったくストレスにならなかったであろうことで、自分にストレスになってしまった出来事とは?

● どんな考え方をしていたから、上のことがストレスになったのだと思いますか？

● 今後はどんな考え方をすれば、上と似たような出来事があっても、ストレスを感じることが軽減されるでしょうか？

●これまでの経験で、自分の考え方がどんなにポジティブでも、
自分に悪い影響となった出来事とは？

●上の出来事は、どんな考え方でとらえましたか？　ネガティブにとらえて、それをさらに悪化させるようなことがあったとしたら、それはどんなことですか？

●今後はどんな考え方をすれば、上と似たような出来事があっても、
ストレスをさらに増大させることを軽減できるでしょうか？

コラム❻

自分に当てはめて考えてみよう

自分をポジティブにさせる8か条

アメリカの心理学者にジム・テイラーという博士がいます。西海岸をメインに、全米で、ビジネスパーソンからプロアスリート、子どもまで、さまざまな人を対象にして、セミナーを開催したり執筆を精力的にされている実践者でもあります。

1990年代後半、私がアメリカで心理学を学んでいた学生時代から、スポーツ心理学の学会でよくディスカッションをさせてもらった人なのですが、彼の著書『ポジティブプッシング』の中に、素晴らしい8か条が書かれています。

この8か条は、「どういう考え方をしておくと、自分で自分をポジティブな考え方に変えていけるのか」のヒントになると思います。とても建設的で肯定的な「考え方」です。

❶私は人に愛されている（自己親愛感）
❷私はできる（自己効力感）
❸大事なのは挑戦すること（自己挑戦感）
❹自分の行いに責任を持つ（自己責任感）

❺失敗しても大丈夫（失敗受容感）
❻間違っても修正できる（逆境対処能力）
❼自分のやっていることが楽しい（自己幸福感）
❽私は変わることができる（自己変容感）

どの項目に納得や共感をし、どの項目は、なんとなく反対の気持ちを持ちますか？　あなたは、これまでの人生で、この8つが常に自分の中にあったと思いますか？　それとも、何かのきっかけで、他人への信用を疑うようになったり、自分自身への信用を失ったことで、これらのどれかをなくしてしまった感覚がありますか？

どの部分が自分には足りないと感じ、どの部分は満たされていると感じるでしょうか。160〜161ページの説明を見ながら、自分に当てはめてみてください。

この『ポジティブプッシング』は、もともとは子育て本です。そして、この8つは、「これら8つを子どもが心の中に育めるようにしていく子育てこそが、その子どもが将来成功できる秘訣である」とテイラーが提唱しているものです。

子育てのポイントとして書かれたこれらの8項目を大人の我々に当てはめて、160〜161ページの表で説明していきますが、これらを見てあなたは、何を感じますか？

自分をポジティブにさせる8か条

1	**私は人に愛されている（自己親愛感）** 「自分は自分のままでいい」という自信。この自信がないと、「自分の殻を抜け出して新たな挑戦をする」というストレスをかけることができない。愛されていると感じている人は、「自分で自分をおとしめてはならない」という自尊心を持つこともできる。
2	**私はできる（自己効力感）** 「私にはできない」と思えば、どんなことも不可能に思える。しかし実際、「できない」という人に話を聞くと、「何もかもできない」という意味ではなく、「ちゃんとできない」という完璧思考からくる「できない」であることがほとんど。どんなことも「ちゃんと」「すぐに」などできない。まずは一歩ずつの進歩に集中すること。
3	**大事なのは挑戦すること（自己挑戦感）** 結果ばかりが気になると、つい悪い結果を恐れ、挑戦ができなくなる。そうして、やりもしないで逃げた自分に、さらに自己嫌悪というストレスを抱えるといったマイナスの連鎖を生じさせる。大事なのは結果ではなく「プロセス」。プロセス（経験）を積んでいかなければ、何の結果も得られない。
4	**自分の行いに責任を持つ（自己責任感）** 究極は、「自分の人生に責任を持つ」ということ。責任を持つ意識は日々の小さいことから始められる。それは、常に「なぜ?」という問いを持つこと。もしも「だって、○○さんがそうしろと言ったから」という回答が出てくるなら、そこで止めずに、「それでは自分はロボットと一緒だ。やるかやらないかを決めるのは誰だ？」と自問する。最終決断は、他でもない自分自身である。

準備
DAY 1
DAY 2
DAY 3
DAY 4
DAY 5
DAY 6
DAY 7
振り返り

5

失敗しても大丈夫（失敗受容感）

失敗はどんな人間にも心地よいものではない。そもそも失敗を目指している人は一人もいない。しかし、私たちは何か行動を始めれば、必ず結果が出る。成功することがあるということは、失敗がある。そして、成功を追い求め、さらに挑戦すれば、もっと失敗回数も増える。「失敗がなければ成功できない」。失敗で落ち込むのではなく、そこから何を学ぶかが大事。

6

間違っても修正できる（逆境対処能力）

成功までの道のりにある失敗は学びになるが、本当に人生の中で致命的と思われる逆境で必要な力が、「間違っても修正できる」と考えられる力。起きてしまった事実は変えられないが、そこから悲観的になって、「私は生きているだけで恥なのだ」とストレスを肥大化させずに、「それでもやれることはいくらでもある」ことを導き出せる大事な力。

7

自分のやっていることが楽しい（自己幸福感）

本当の自分のマイナス感情を出せない人は、プラスの感情自体が出てこないようになることがある。またそれに拍車をかけて、「私は女だからこうあるべきだ」とか、「僕はもう30歳になったのだから、こうなっているべきだ」といった社会時計に勝手に自分をはめてしまい、さらに本当の感情に気づけなくなることもある。どんな小さなことでも「ああ、楽しいなあ」という感情に気づくように心がけるだけで、人生の見方は変わる。

8

私は変わることができる（自己変容感）

この世界は有限であり変化している。特に自然に起きる変化の前に人類は何もできない。マイナス思考の人は、そういった変化を認められず、「あの頃に戻りたい」と思ったりする。過去を戻すことは不可能。しかし、変化する世界を変えられないのなら、唯一自分たちにできることは、流されることではなく、「先んじて、自分を変え続けること」。「今自分にできることは何か」に集中する意識がこの変容感を育むきっかけになる。

出典：『成功の種を蒔く』田中ウルヴェ京著（講談社刊）

逆境から得られる学びこそが大事

マイナスも大事！感情の変化を楽しもう

世の中には、大きな誤解があります。それは、「ストレスに負けないためには、常にポジティブな思考を持ち、プラスの感情を持つことが大事」という間違い。よくクライアントの皆さんからお聞きする言葉です。

冷静に考えてみれば、気持ちの悪い話です。

いつもニコニコしていて、いつもエネルギッシュで、どんなことがあっても、「OK！　どうにかなるよ！　がんばろう！」とか言っているということです。ロボットでもあるまいし、もしも本当にそんな人がいたら、私だったら、いつ壊れるかわからないから危ないな、と思ってしまいます。

もちろん、「どんなときもポジティブな考え方でいよう！」ということを目標にして、それを意識した生き方をすることは大事です。ただし、このポジティブ思考は、「なんでもかんでもオッケー！と考えるようにする」といった「何も考えていないバカみたいな受容」という意味のポジティブではなく、「ネガティブな出来事を多面的にとらえる力」という意味での肯定的、建設的な考え方のことです。

私たちには、喜怒哀楽という人間ならではの素晴らしい特権（!）があります。喜びや楽しみは確かに「良い感情」かもしれませんが、それが「正しい感情」なのではありません。**どんなマイナスな気分になる感情も、正しいのです。**

そして、もっと言えば、「ときには落ち込むことにこそ意味がある」のです。

面白いことに、企業研修などで、すでに高い役職を持たれている40代以上の方々に、「あなたが今の自分を形成するうえで、これまでもっとも大事だったと思う経験は何ですか？」という質問をすると、決まって「これまでの人生での一番の逆境」という答えが返ってきて、それはそれは嬉しそうに振り返られています。

私たちが、「生きている！」という感覚を実感するために必要な「自分という人間は価値のある人間だ」と思える自信は、落ち込んだり、悲しんだりといった感情で悶々とする「経験」そのものから得られるものです。

自分に素直になり、ちゃんと**落ち込むときは落ち込む**。悲しい自分を認める。くだらないことで怒る自分を知る。それは素晴らしい魅力的な自分をつくっていく基礎です。

ぜひ、「マイナスな感情」を出してしまう自分を認めてあげましょう。そのことから得られる「学び」こそが大事なのですから。

振り返り

今後の自分と向き合おう

7日間お疲れさまでした！　ここからは、今後の自分のためにアフターケアもしっかりしていきましょう

自分のプラス／マイナスの傾向を見る

1週間の感情をグラフ化してみる

1週間が終わりました！　何事も継続には根気が必要です。その意味で、1週間続いたことは素晴らしいことです。途中で、もしかすると、

「つまんないなー」

「これで合っているのだろうか？」

といった不安を抱えた方もおられるかもしれませんが、そんな感情がありながらも、続けたことには価値があります。7日間のワークを振り返りながら、やっていただきたいことは、自分の感情の変化だけに集中してみるということです。

ワークを見て、自分にはどんな感情があったのか、1週間を見てみましょう。ここでわかることは、1週間の自分の傾向です。振り返れば、感情のエネルギーという視点から見て、ほとんどずっと弱いエネルギーである「落ち込み」「悲しみ」「憂うつ」といったマイナス感情が多いのか、それとも強いエネルギーである「イラつき」「焦り」「緊張」といったマイナス感情が多いのか、また、その両方なのかがわかります。

自分に良い影響を与える出来事に対してでも、悪い影響を与える出来事に対してでも、それらを「感じる自分」には、どんな感情があるでしょうか。また同時に、プラスの感情でも「癒された気分」なのか「嬉しくて興奮した気分」なのかも見ながら、170ページのグラフを完成させましょう。

縦軸が時間、横軸が感情エネルギーです。エネルギーが低い側には、いわゆる副交感神経が高い状態である感情を書いてください。高い側には、逆に交感神経が高い状態である感情を書いてください。それぞれ、感情の大きさによって、0から10まで振り分けていきましょう。

当然、「この1週間は何もやらなかったので、大した感情の起伏はない」という方もおられるかもしれません。そんな方は、これから1週間の感情の起伏をグラフにしてみてください。この週間グラフをやってみると、さまざまな新しい気づきがあります。

「1週間の感情をグラフにしたら、月曜と火曜だけが落ち込んでいた。次の週もそうだった。よく考えてみたら、必ず月曜と火曜にある会議で自分は落ち込むことがあることに気づいた。グラフにする前は、「今の会社は向いていない」と会社でのストレスを大げさにとらえていたが、たんに月曜と火曜にある会議が非常に苦痛というだけのことだった」

といった気づきによって、「本当の問題は何か」を解決できた事例もあります。

1週間と同時に、1日を振り返ることも可能です。ある1日を例として、171ページに書いてみましょう。自分の傾向がわかります。

NOTE

ある週の感情グラフ（見本）

ネガティブ感情だと思うものは赤で、
ポジティブ感情だと思うものは、青で記入しましょう。
下記のグラフでは点線が青を表しています。

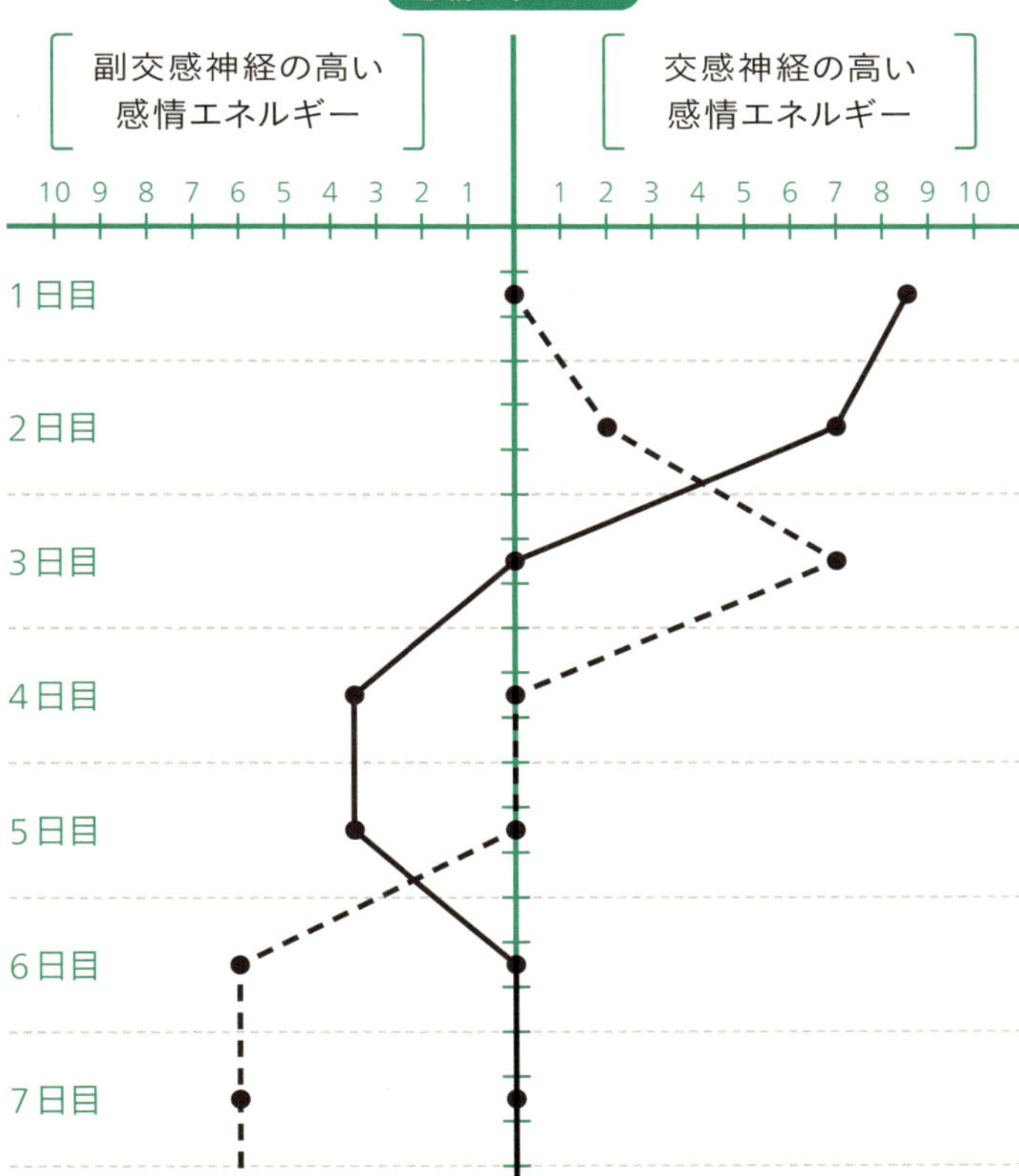

NOTE

ある週の感情グラフ

ネガティブ感情だと思うものは赤で、
ポジティブ感情だと思うものは、青で記入しましょう。

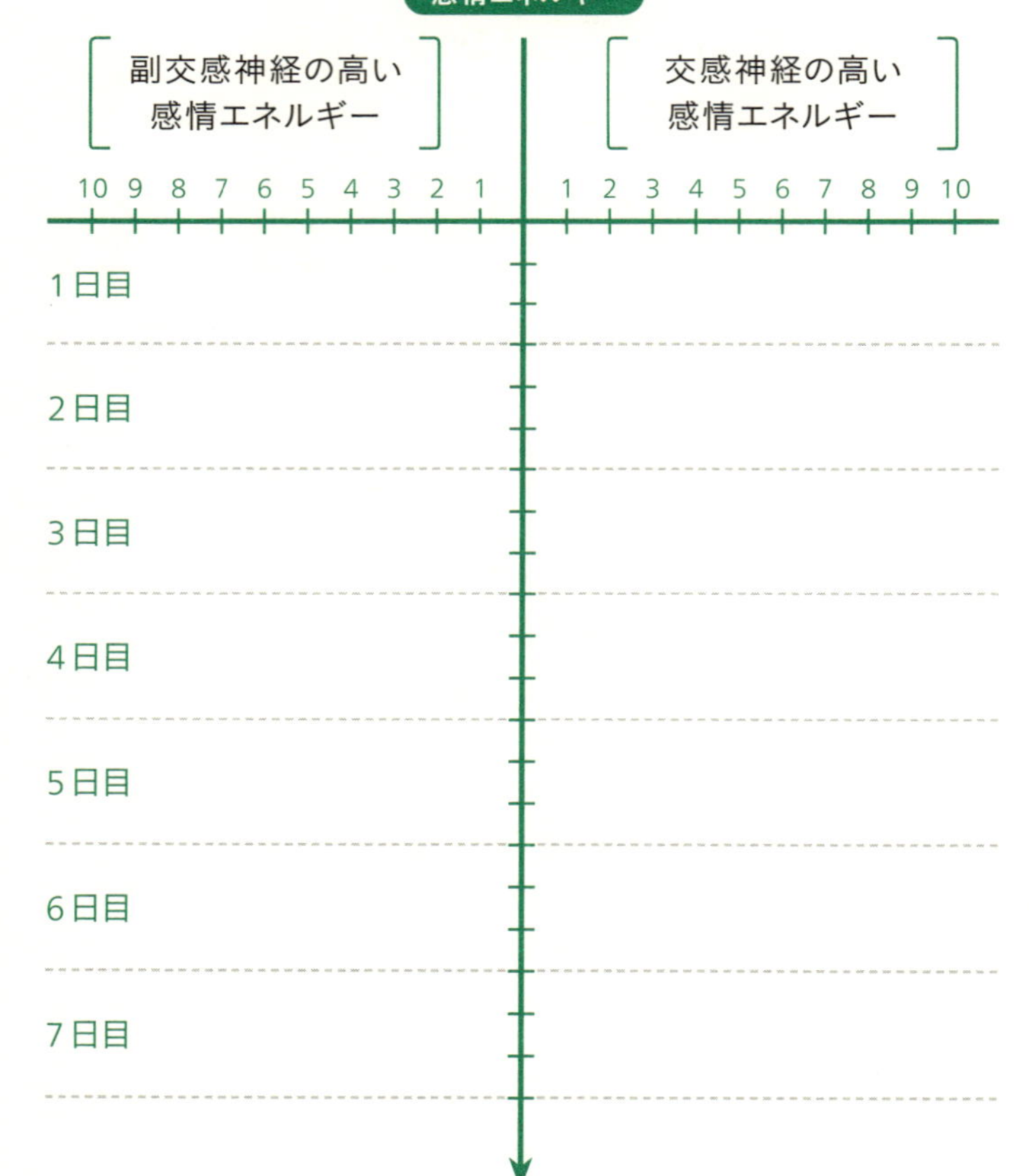

また、１週間と同時に、１日を振り返ることも可能です。
左ページのグラフに書き込んでみましょう。自分の感情傾向がわかります。

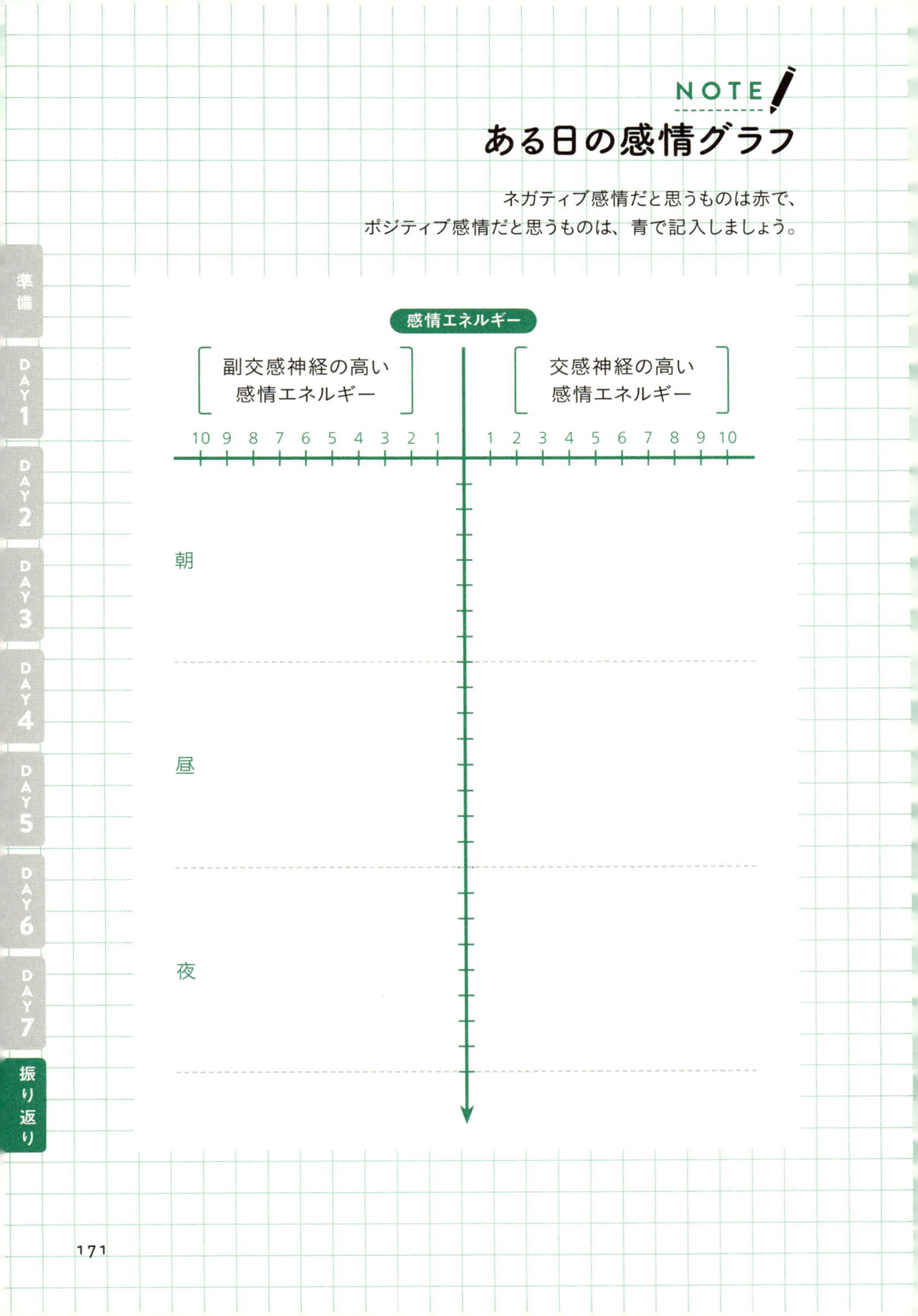

NOTE

ある日の感情グラフ

ネガティブ感情だと思うものは赤で、
ポジティブ感情だと思うものは、青で記入しましょう。

振り返り2

明らかになった課題を解決する方法を考える

自分が今後解決していきたい課題はどんなものか

考え方のクセや感情を整理したうえで考えたいことは、「それでも残る課題」です。どんなに建設的な考え方をしても、「やっぱりこれは困る出来事だ」と思うことは、技術的、戦略的に解決が必要です。

175ページのシートに解決したいことを書き出し、次のことを確認しましょう。

❶「もっとがんばりたい」などの曖昧な書き方でなく、具体的に問題を書けているか？

❷「完璧でいたい」など、自分の考え方のクセによる課題になっていないか？
❸課題は、変えようと思えば変えられることか？　非現実的なものではないか？

次に176ページで、箇条書きにした課題を、「一個人としての自分にかかわる課題」と「ビジネスパーソンとして」といった「自分の社会的役割にかかわる課題」とに分けてみましょう。その仕分け後に、各課題について、次の問いに答えながら整理を仕上げましょう。

「課題を解決するために具体的に何を行えばいいのか？」
「アクションによる変化の度合いをどうやってチェックしていくのか？」

まずは、自分の身近なことで〈課題〉〈アクション〉〈チェック〉〈評価〉のスパイラルを使って整理してみましょう。たとえば、このように行ってみましょう。

課題：不健康な身体状態が続いていて、体重管理がきちんとできていない
アクション：毎回食べたものを書く
チェック：体重記録表を作って、毎朝、日々の体重と体脂肪を記入する
評価：まず１か月で体脂肪を○％にする

この課題解決のための整理は、当然、どんな課題に対しても取り入れられます。
そして、慣れてきたら、どんどん難しい課題に対しても利用してみてください。

大事なことは、**日々の小さいことでの課題整理習慣**です。

「今、問題になっていることは何か」を見定められることが、そもそも「何がストレスかがわからずに不安だ」という悶々としたストレス予防になります。

問題がわかれば、その解決の方略を進めればいいだけ。最初は難しく感じる方もおられるかもしれませんが、小さいことから積み重ねてみてください。

NOTE
自分が今後解決したい課題
準備
DAY 1
DAY 2
DAY 3
DAY 4
DAY 5
DAY 6
DAY 7
振り返り

NOTE

人としての自分についての課題は?

課題	
アクション	
チェック方法	
評価	

NOTE

ビジネスパーソンとして、あるいは公的な自分についての課題は?

課題	
アクション	
チェック方法	
評価	

コラム⑦

「壁」を感じたときにどう考えるか

「見えない壁」はすべて自分の思い込み

「自分にはコントロール不可能だ」と思ってしまうことは、確かにストレスです。

よくストレスが視覚化できていない人が言う言葉に、「見えない壁が、自分の目の前にそびえ立っているようだ」というのがあります。

ここまで感情整理ノートを進めてきた方であればおわかりかと思いますが、「見えない壁」などありません。言い方が直感的すぎるかもしれませんが、「見たくない壁」や「勝手につくってしまっている壁」は山ほどあるでしょう。それらはすべて、自分の思い込みです。

「見えない壁がある」

この言葉には、厳しい言い方かもしれませんが、「現実逃避」のニュアンスが含まれています。壁を理由にしたい。自分のせいだと思われたくない。そんな気持ちの表れでもあると思います。

かくいう私だって、過去に見えない壁を山ほどつくってきました。では、どんなときに「見えない壁」

をつくってしまうのかというと、それは決まって、「みっともない自分を見たくない」ときでした。それにつきるのです。

当然、壁を見ることに決めるかどうかは自分です。どんなにそびえ立っているようでも、その「壁」が「いったい何なのか?」を知ろうとするか、そんな恐いことは知りたくないので逃げるかは、自分自身です。

でも、自分の経験でしかありませんが、これまた気づいたことがあります。それは、「壁は上って乗り越えるものではない」ということ。そんな辛いものではないということです。

じゃあどうすればいいのか。毎日、来る日も来る日も、自分の目の前にある壁を、ちびちび「掘る」。ひたすら掘る。

自分のペースで、自分の目線の高さで。

するとその継続で、必ず壁は崩れます。必要なのは、山登りするほどの筋力でもなければ、根性でもありません。ただただ継続できるかどうか。それだけです。

継続に必要なのは、「崩れない壁などない」という信念。そして、信念に必要なことこそが、ポジティブな自分を持続させる「考え方」なのです。

自分のまわりにいる「支援者」に気づく

支援者には5種類ある

さて、自分だけで対処できる課題もあれば、当然、人の支援が必要な課題もあります。あなたのまわりには、どんな支援者がいるかということを考えたことはありますか？

私たちのまわりには、いろいろなタイプの人がいます。そして私たちは、それぞれの人とさまざまなかかわり方をしながら、さまざまな思いも抱いています。たとえば、「この人といると元気になれるなあ」とか、「あの人には絶対に負けたくない」など。

メンタルトレーニングで行うことのひとつに、「自分の支援者についての整理」があります。これは、自分の周囲にいる人間がどんな影響を自分に及ぼしているかを整理することで、それぞれの方々を上手に使っていくということです。

「使っていく」というと、「上から目線」のように聞こえるかもしれませんが、ここでの意味は、「何かについて、誰かに頼るにしても、誰に頼ることが、問題解決にはベストか」を、自分で整理しておくという意味です。

支援者の種類は5つあります。

●叱咤激励メンター
あなたが常にベストを尽くせるように、ときには厳しい言葉を伝えてくれる人。恩師のような存在である場合が多い。

●外巻きの支援者
あなたを応援してくれる人。それほど深い付き合いではないけれど、元気づけてくれたりして自分を励ましてくれる人。

●永遠の支援者
あなたに何が起ころうとも、あなたがたとえ犯罪者になったとしても、あなたの味方として励まし続けてくれる人。親の名前をここに書く方が多い。

●情報提供マン

自分に有益な情報や技術を提供してくれる人。友人でないことも多く、テレビで見る人など、知り合いでない場合もある。

●ライバル

あなたに対し、否定的で反対の立場にいる人。もしくは価値観がまったく違うような人。この人が支援者だという意味は、この人のおかげで、自分を高める努力ができたり、新たな視点を学ばせてくれることがあるからです。

さて、あなたにとって、どんな人がどこに当てはまりますか？　１８３ページのシートに入れてみましょう。

人によっては、複数の箇所に、同じ人の名前を入れることもありますが、支援者を多く作っておくという意味では、たくさんの違う人を書くのがベターです。

NOTE

支援者サークルを完成させよう

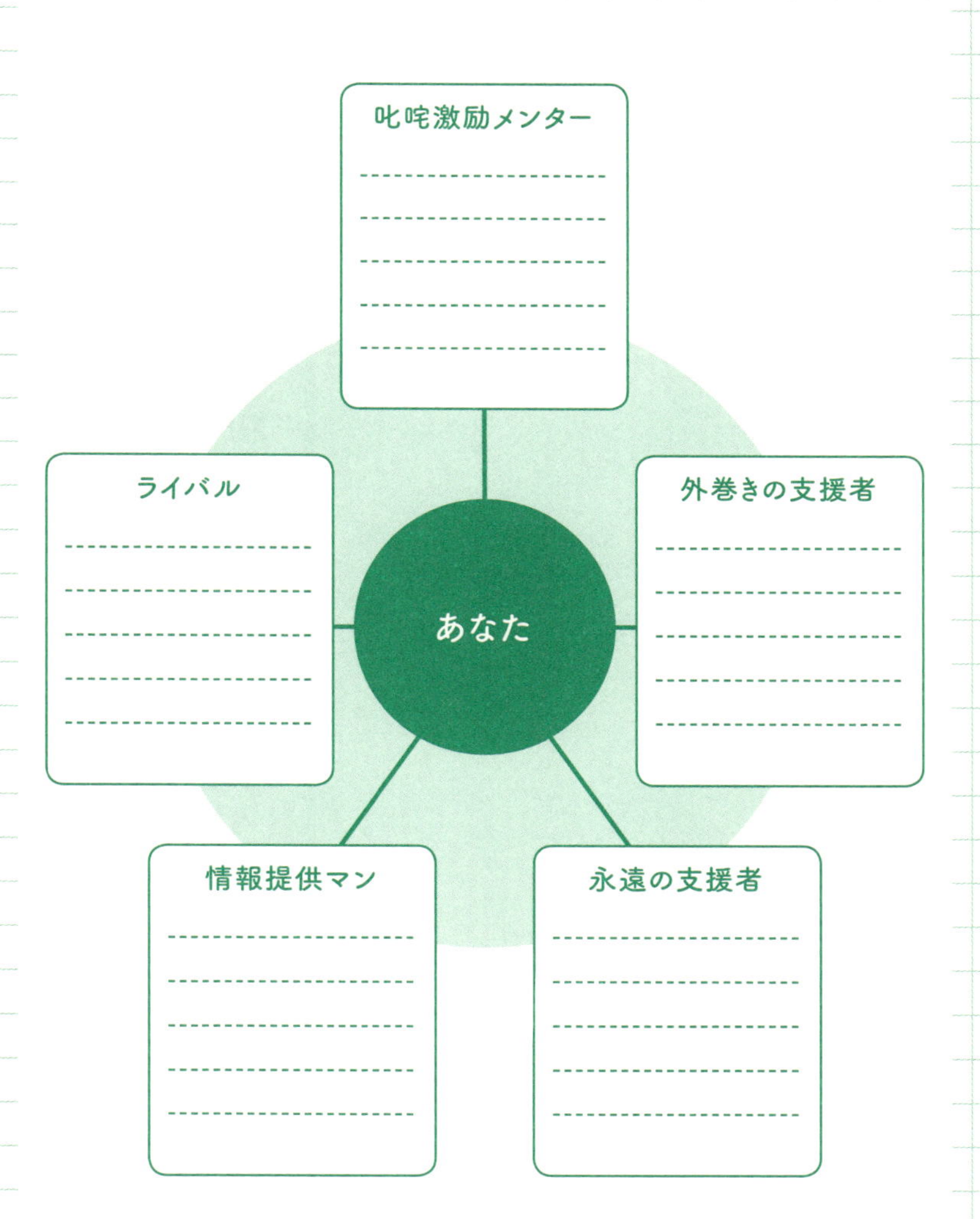

振り返り4

見返りを期待することはNG

自分も誰かのストレス対処の役に立つ

この支援者サークルは自分自身に置き換えて考えることも大事です。

「自分は果たして、誰のどんな支援をしてあげることができるのだろうか？」を考えるということです。

私たちは社会で生きていくうえで、とてもステキなことを学びます。

それは何か。

「お互い様」ということ。

自分が困ったときに助けていただいたことがある方であれば、その意味は痛いほどわかっていることだとは思いますが、私たちはときとして、傲慢になることも多いです。

「助けてもらうのは当たり前」

こんな気持ちになったとき、思考の中でいったい何が起きるかというと、本書で繰り返し紹介してきた「歪んだ考え方のクセ」のひとつである「べき思考」を徐々に肥大化させることになります。

私は、もっとこうしてもらう「べき」なのに。これはこうなる「べき」なのに。

この思考を肥大化させていくと、なんでも人のせい、環境のせいにして、「そもそも目の前にある出来事を解決できるのは自分以外の誰でもない」という事実すら歪めてしまうことになります。

また、あなたが誰かの助けになることは、そのこと自体が、自分の自信構築にもつながります。

準備 DAY1 DAY2 DAY3 DAY4 DAY5 DAY6 DAY7 振り返り

まったくもって自己中心的な考え方で、おかしく聞こえるかもしれませんが、しかし、「誰かを本心で、心から、見返りを期待せずに助けること」で、自分自身が、どんなに自分勝手でもいい、「ああ、今日はいいことしたなー」と思えるのなら、それは素晴らしいではありませんか。

大事なことは、もちろん、**見返りを期待しないこと！**

見返りを求めてしまう精神こそ、「ここまでやったのだから、ここまで返してくれるべき」という「べき思考」です。

１８７ページに、１８３ページと同じサークルを用意しました。自分は誰のどんな支援をできるのか。考えてみましょう。

NOTE

相手から見た自分の存在は?

自分は誰に
どんな支援が
できるのか？

叱咤激励メンター

ライバル

外巻きの支援者

情報提供マン

永遠の支援者

コラム⑧

イメージ力を高めて、「快」の感情をつくろう

どこでもできる2分間イメージトレーニング

責任のある仕事や危険を伴う作業で常に神経が張りつめていたり、時間に追われる日々を過ごしている人は、日中、頭を空っぽにする時間がなく、身体にまで悪い影響を及ぼすストレスを抱えます。

こういう方々は、周囲には「たまには休めば？」と言われたりするのですが、本人にとっては、忙しくて休みたくても休めないから困っているわけで、休めと言われることが、よりストレスだったりするものです。

そんな方におススメなのが、「快の感情をつくりだすイメージトレーニング」です。

所要時間はたった2分間。仕事中、オフィスでも、移動の電車の中でも、外出先でも、どこでもできるトレーニングです。

以下にしたがって、やってみてください。

1

イスに座った状態で、
目を閉じる

2

目の前が
真っ暗であることを
認識する

3

自然あふれる
気持ちのいい場所を
イメージする

自分の好きな海や、山など、
自分がすでに行ったことの
ある好きな場所でもいいし、
いつか行きたいと思ってい
る場所でもいい。

4

できるだけカラフルに イメージする

海なら、どんな色なのか？ 濃い青なのか、薄い青なのか？　海面は光っているのか？　空は何色か？

色がついたら 音をイメージしよう

どんな音が聞こえていると自分は快適なのか？　鳥のさえずりか、汽笛の音か？

そして、 匂いをイメージする

どんな匂いがすると快適か？ 海の匂いか？　それとも浜辺にあるホットドッグ屋からのおいしそうな匂いか？

7

自分はそのイメージの中で、どこにいると思うと快適か？

浜辺で座っているのか、泳いでいるのか。そして、そのとき、体の感覚もイメージしよう。顔に風がさわやかに当たっているのか？　砂の上に座っているのなら、砂は温かいのか？　どういう感覚だと、自分は気持ちがいいのか？

このように、できるだけ具体的に「自分が気持ちがいいなあ」「癒されるなあ」と感じるイメージを思い浮かべ、自分がそこにいることをイメージしてから、約2分間、その場所でリラックスしているとイメージしてみましょう。

これはアスリートが緊張時に副交感神経を優位にしてリラックスするためのイメージトレーニングです。たった2分ですが、特に、仕事で忙しい方などには、せめて1日に1回、このイメージを行い、心身のリラックスを能動的にやってみてください。

こんな簡単なことでも、感情はコントロールできるのです。

自分の思考をコントロールできるようになろう

自分の「考え方のクセ」をほめてみる

感情整理ノートを書き続けていくと、本当の自分の思考や感情がどんどん表面化されるわけですが、そのこと自体がストレスに感じられてしまう方も多いものです。

それはなぜか。

「これまで隠していた自分のコアな部分こそ、自分が勝手に短所とかコンプレックスと思っていた部分だから」です。

私がアメリカの大学院でこの感情整理ノートのようなワークをしていた頃に、自分の考え方のクセがあまりに情けないものばかりで嫌になり、教授に言ったことがあります。

「私の考え方のクセはひどいものばかりです。八方美人思考だし、完璧思考だし、負けず嫌い思考だし、ええカッコしい思考だし。こんな考え方を持っている自分には、ほとほと嫌気がさす」

当時の私は、「自分がカッコ悪く見えるのではないか？」と予想されることに対して、ストレスを感じていました。

また、八方美人とか完璧思考とはつまり、「私がやったことすべてを、すべての人に認めてもらいたい」というような非論理的な思考をする傾向が私にあったということです。

さらに、どんなことにもいちいち、私はあの人に勝った、負けたと、意味のない勝負をするアホな人間だったので、そういった自分の考え方のクセを知れば知るほど、自分が情けなくなったわけです。

しかし、そのとき、教授は優しく静かにおっしゃいました。

「ミヤコ、キミは、それらの思考が、どれもこれも、キミの素晴らしい魅力なのだということに気づけていない。その『自分の魅力である考え方を短所だと思う』、そのこと自体が、キミの歪んだ考え方のクセなのではないのかね？」

私たちは、自分にある「考え方のクセ」を直さなければいけないのではありません。

大事なことは、本当の自分の考え方のクセに気づくこと。そしてそれをコントロール（調整）することです。

コントロールをするために、ここでやっていただきたいのが、「自分の考え方のクセに対する見方を変える」ということです。

195ページに、いくつかの質問があります。ゆっくりと自分のペースで、ときには、自分の信頼できる人に見せながら書いていってください。

NOTE

自分の「考え方のクセ」を見直してみよう（記入例）

自分の考え方のクセは？

どうせ思考

今の自分はそれをどう見ていますか？

自信がない自分は嫌だ。

**このクセを良い方向に使うには、
どういう見方で理解すればいいと思いますか？**

そもそも自信って何だろう？
自分で思い込んでいるだけのものかもしれない。
私は「どうせ思考」だからこそ、ひとりよがりにならず、
素直に相手の意見を受け入れられる。
それはすごい長所だ。

NOTE

自分の「考え方のクセ」を見直してみよう

自分の考え方のクセは？

今の自分はそれをどう見ていますか？

このクセを良い方向に使うには、 どういう見方で理解すればいいと思いますか？

他人や書籍からの学びが発想転換のきっかけになる

たったひとつの言葉で人生が変わることもある

「人は変われる」
「いや、人は絶対変われない」

こういった議論はよくあるものです。
それこそ犯罪者の再犯率などのデータから、「だから人は変わらないんだ」と、ひとくくりにする方もいます。
私が講演や企業研修で、「考え方のクセを変える」といったテーマの話をすると、よくある質問はこれです。

「自分のこれまでずっと持ち続けていた考え方のクセを変えるなんてことは、相当難しいのではないでしょうか?」

正直、自分は心の中で思うわけです。
「難しいのではないか?と思ってたら、そりゃ難しいよねえ……」

そもそも人が変われるか、変われないかの答えはいたってシンプルです。

「変われないのではなく、変わりたくない人もいれば、変わろうと思って変わる人もいる」


たったこれだけのことです。

変わりたくない人はいるでしょう。

変わるには、本人が変わろうと思うしかありません。

他人から変われと言われて、変われるものではないからです。

本人が「変わろう」あるいは「変われるかも」と思うのは、何らかのきっかけがあるからでしょう。

そういったきっかけは、本を読んだり、人と出会ったりといった外的な刺激によって、はっとさせられるといったものでもあるでしょう。

たったひとつの言葉だけで、新しい気づきを得て、人生が変わったりすることも多いです。

古くからの先人の言葉を学びなおしたり、いろいろな分野の本を読んだり、さまざまな価値観の人と出会うことが人生の転機になることもあるでしょう。

199ページに、私がいつもメンタルトレーニング時にクライアントの皆さんにお見せできるように持っているノートに書いてある言葉を紹介します。

発想転換のための言葉集

下記で紹介するのは、それぞれ、著名な方々の、すでに有名な言葉ですが、何かのヒントにしていただければと思います。

『失敗ではなく、たんに事実なだけ』――宮里 藍

（スコアの数が事実。それを、失敗ととるか、学びの機会ととるかは考え方次第です）

『九つまで満ち足りていて、十のうち一つだけしか不満がない時でさえ人間はまずその不満を真っ先に口から出し、文句を言い続ける。自分を顧みてつくづくそう思う。なぜ私たちは不満を後回しにして感謝すべきことを先に言わないのだろう』

――三浦綾子

（コップの水が半分「も」入っているか、半分「しか」入っていないか、ですね）

『自分とは「年齢」の異なる人と出会い、自分とは「環境」の異なる人と出会い、自分とは「経験」の異なる人と出会い、自分とは「夢」の異なる人と出会い、自分とは「価値観」の異なる人と出会い、あなたの「羽」はたくさんの「異」なる人と出会うことで「翼」に変わります』――ひすい こたろう

（自分と違う考えに出会うことで自分も飛躍させられるのですね）

『充実した一日が幸せな眠りをもたらすように、
充実した一生は幸福な死をもたらす』

――レオナルド・ダ・ヴィンチ

（結局、これ。充実するための基本こそ、素の自分を認め、周囲に感謝し、学び続けることです）

他人の評価に惑わされない自分とは？

自分の中に「ブレない軸」をつくる

「ブレない軸」


めちゃくちゃカッコいいですよね（笑）。ブレない人って、どんな人でしょうか。

「自信がある」

「他人に何を言われても、自分の意見がある」

そんな感じでしょうか。


ブレない人間になりたい。

これは、20〜30代の方々によく言われる言葉です。そんなとき、私は質問します。
「そもそも、あなたが「ブレるなあ」と感じるのは、どんなときですか?」

すると答えは、
「他人に反対意見を言われて、オロオロしてしまうとき」
「他人の評価を気にしてしまって、自分のやろうとしていることにビクビクするとき」
「同い年の友人が、他人に惑わされないで堂々としているように見えるとき」

このようにいろいろ出ますが、共通点は、「自分が他人からはどう見られているか?」に焦点が当たっているということです。

面白いことに、外から見て、「この人、ブレない人だなあー」と思える「カッコいい人」は、そもそも、自分が他人からはどう見られているか?に興味を持っていない人、あるいは、興味を持たなくすることに決めた人です。

じゃあ、ブレたくなければ、人の評価を気にしなければいい。でも、それができないから悩んでいるわけですね。じゃあ、どうするか。

これまた答えは、幸か不幸か、シンプルなんです。

「自分が」他人を評価しないこと。「自分が」他人にレッテルを貼らないこと。

まさに、たった今からでもすぐにできる、自分でコントロールできる考え方です。

「学歴が高い人は偉い」

「美人は、モテる」

「政治家はみんな悪い」

どれもこれも、まったくもって非論理的であり、非現実的な評価です。

あなたにはどんな「他人に対する勝手な評価」があるのでしょうか。まずは、そこに集中することが、自分の軸づくりの素地となります。

NOTE

自分は他人に対してどんな評価を（勝手に）しているのだろうか？

●自分が勝手に思っている他人に対する評価には
どんなものがあるか？　考えられるだけ考えてみましょう。

例）学歴が高い人は成功する、女性はみんな××だ…。

● 203ページに書いたものを一つひとつ見ながら、事実はどうかについて、客観的に考えてみましょう。

例） 学歴が高い人で、成功する人もいれば、
成功しない人もいる。なぜなら〇〇だから…。

振り返り7

まとめ

感情整理ノートで見えてくるもの

皆さんは感情整理ノートを通して、さまざまな自分に気づいてきたと思います。

最初は、まるでヒモが絡まったような「何が悩みなのかもわからない」状態だったという方もいたかもしれません。しかし、だからこそ、まず、そのヒモをゆっくりほどいていくという意味で、「自分には何が今起きているのだろうか？」について、ひたすら箇条書きで書き込んでいく作業をしました。

そして、ひたすら書いた「今の自分の状態」を見ながら、少しずつ整理するスキルを学びました。

「自分はどういう事実をどう感じているのか?」という事実と感情の整理をしたり、また、「なぜこの事実を、自分はこう感じてしまうのだろう? 事実をどのようにとらえているからなのだろうか?」

と「正しく悩む」ことで、さらに細分化して、事実と感情の間にある考え方のクセについても、考える作業をしました。

そして、これらの整理で見えてきた、「本当の自分の問題」を視覚化することもしてきました。

まずは、現状の問題に対して、一つひとつ、自分が決めた行動、チェック、評価という流れに沿って解決していただければと思います。

あらためて、感情整理ノートの目的を書きます。

感情整理ノートの目的

❶今の自分の心の中がどんな状態なのかを整理するために、自分の感情と原因に向き合う練習をすること

❷その練習の積み重ねで、「解決しなければいけない問題の事実は何か？」が理解できること

❸さらに、自分が問題を抱えやすい原因を理解し、今後の自分が無用な問題を抱え込まないように予防できるようになること

この❸にあるものが、最後に取り組んでほしいことです。

今後、どんな逆境でも、自分は、どうやって「しなやかに」対処していくのか。同時に、日頃からどんなことを意識して行動するのか。それを考えていきましょう。

次の質問に沿って、本当の自分の魅力を視覚化します。その後に、自分の理想とする目標確認をしましょう。自分はどんな人間になることを理想としているかが明確になることは、無用なストレスを抱えずにすむ予防策になります。

NOTE

感情整理ノートの最終確認

●自分の魅力とは？

自分の、もともとある長所は？

今まで短所だと思っていたが、自分の考え方のクセを変えれば、
長所にもなりうるものとは？

準備
DAY 1
DAY 2
DAY 3
DAY 4
DAY 5
DAY 6
DAY 7
振り返り

●今後、意識をしておきたい自分にありがちな考え方のクセとは？

考え方のクセは、直さなければいけないのではありません。
しっかりと気づき、それを上手に調整していくことが大事です。

NOTE

感情整理ノートを振り返って

●自分が、人として理想とする人間とは、どんな人?
（できるだけ具体的に）

●自分が、仕事などプロフェッショナルな人間として
理想とする人間とはどんな人?（できるだけ具体的に）

準備
DAY 1
DAY 2
DAY 3
DAY 4
DAY 5
DAY 6
DAY 7
振り返り

●右に挙げた理想の人は、どんな感情のコントロールができる人だと思いますか？　できるだけ具体的に想像してみましょう。

行動確認ピラミッド

今後の自分が、有効に感情を調整して問題解決していくために、
行動確認ピラミッドを確認しておきましょう。
この順序にしたがって、さまざまな問題を解決してください。

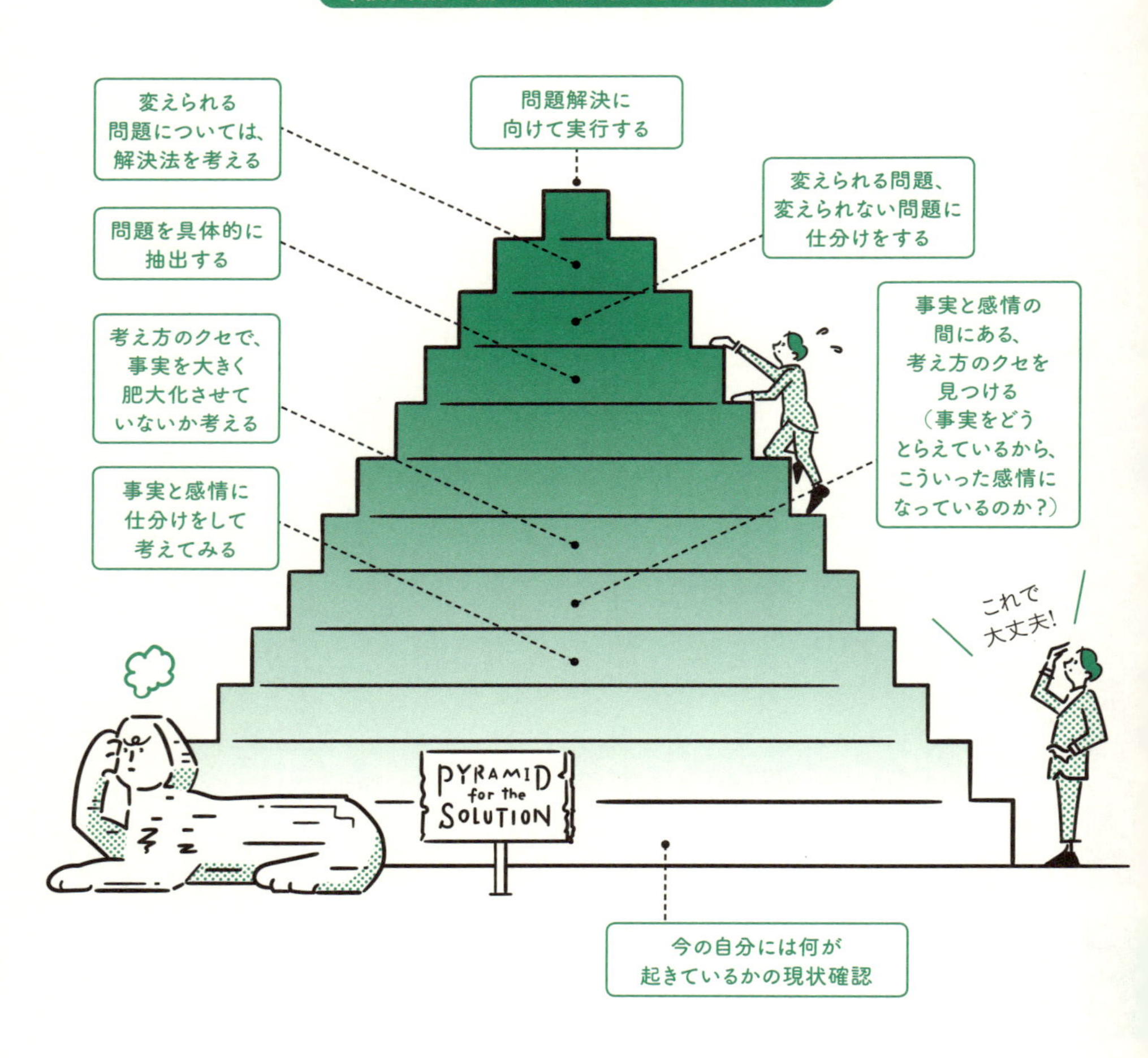

振り返り 8

自分の思考や感情は変えられる

ストレスを「やる気」に変える人になる

どんなストレスも上手に対処できるだけでなく、そのストレスをやる気にも変える人は、3つのCを持っているという話を覚えていますか？

3つのCとは、

CONTROL（コントロール）
CHALLENGE（挑戦）
COMMITMENT（コミットメント）

でしたね。

今日から、この3つのCを意識していただくことこそ、上手に感情を調整して、問題解決に集中していける生き方です。

まず、コントロール。まさに、感情のコントロールを自分の意識でする、ということです。コントロールに大事なのは、「現状に気づくこと」。本当の現状ですから、それが、マイナスな感情であっても、ネガティブな考え方であっても、まずは気づく。そして、その気づいた思考や感情が、自分に悪影響を及ぼしているのであれば、それを調整する。この「自分で自分の感情を調整できている感」が重要なのです。

そもそも外的な事実としての問題は、私たちの力では変えられません。だからこそ、変えられることにのみ集中し、対処していくことが大事です。

そして、チャレンジ。新しいことや慣れないことにチャレンジすれば、私たちは当然、失敗をします。

どんなに素晴らしい成功者も必ず、成功の前には、何度も失敗を経験するのです。

誰でも失敗はするし、落ち込んだり、後悔したりするわけですが、しかし、そういった逆境のときにこそ、「どんな変えられない失敗も、良い学びだった」と思えることこそが、次のチャレンジに立ち向かえる強さになります。
少しずつでもチャレンジを続けられるために、その経過で訪れる数々の失敗をすべて学びにしよう、と受け止めましょう。

最後は、コミットメント。これは、常に自分で選択をする責任を持つということです。自分の人生は自分のものですから、**人生で起きるすべては「自分のせいであり、そして、自分のおかげである」といった絶妙なバランス**で、与えられた人生を「本気で楽しむことに決める」ことです。

こういった生き方を続けると、自ずと、他人と比べない、他人からの評価を気にする必要もない、「本当に自分がやりたいこと」を目標として、環境や他人に感謝しながら、人生に責任を持って生きていけるのです。

この3つのCを意識しながら、日々、感情調整を継続すると、それまでは嫌だった自分

準備
DAY1
DAY2
DAY3
DAY4
DAY5
DAY6
DAY7
振り返り

の考え方のクセが「それほど最悪なものでもないのかな」と思えるようになったりして、変化を実感するでしょう。

122ページに書きましたが、日々の自分をポジティブな感情に調整していくことこそが、結果的にめぐりめぐって、自分のパフォーマンスに影響したり、自信構築に必要なセルフイメージに影響するのです。

日々、自分の思考や感情を意識し、悪いストレスは溜めないこと。ガマンをしないことです。

ちょっとでも「あ、こういう悪いストレスが自分には起き始めているな」と感じたら、さまざまな方法で、感情を調整することです。

そして、心と身体と同時に働きかけて、感情整理や思考整理をしてから、本当の事実を見極め、具体的に対処をしていってください。

身体トレーニングでも、メンタルトレーニングでも、共通して大事なことは継続です。

そして、その「継続」の中でも、心意気として大事なのが、「自分に素直に、自分事にして、行動する」ということです。

たとえば、メンタルトレーニングをしている最中にずっと、「いつまでたったら、自分はメンタルが強くなるんだろうなあ」と、まるで他人事のように「いつか自分が強くなるのを待っている」というような受動的な状態では、良い気づきは生まれません。

なぜ生まれないのか？　答えは簡単です。

その受動的な心理状態自体が、「自分が変われることに疑いを持つ」というネガティブな感情や思考だからです。

当然、そこから影響されるスパイラルでは、結果は良くならないからです。

メンタルをしなやかにさせて、自分という人間の可能性を引き出していきたいのであれば、「変わることに決める」。

これしかありません。

自分の思考、感情は、変えられるのです。

ぜひ、自分が心の中に秘めている素晴らしい心のエネルギーを信じて、素の自分を認め、どんな問題へも、能動的に対処をしていくと決めましょう。

7日間感情書き込みシート

1日ごとの「感情書き込みシート」を7日分用意しました。
まずは、1週間最後まで書き込んでみましょう。
また、このシートをコピーすれば、毎週繰り返し使用できます。

本文でも述べましたが、この「感情整理ノート」で大事なのは、続けることです。
何かにつまずいたとき、悩んだとき、このシートに自分の感情を書き込むことで、
その悩みの本当の原因や解決策が見えてくるようになります。

もちろん、嬉しいことがあったときや、今日は何もなかったなぁと感じたときも
ぜひこのシートに書き込んでください。書き続けることで、悩みの解決だけでなく、
自分がステップアップしていくためのヒントも見つけられるようになります。

コピーしたシートを集めて自分なりの「オリジナル感情整理ノート」をつくるのもおすすめです。

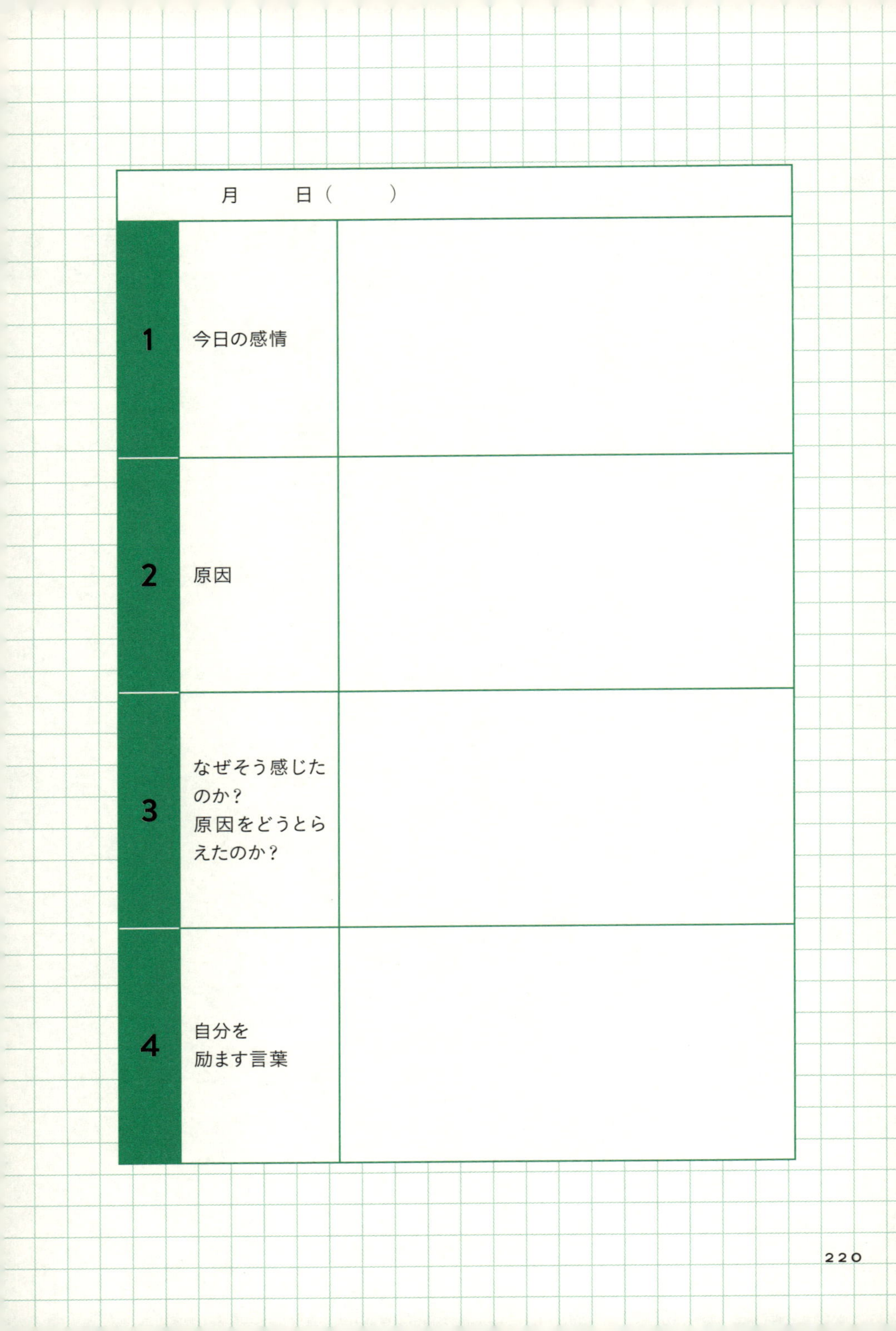

月　　日（　　）

1	今日の感情	
2	原因	
3	なぜそう感じたのか？ 原因をどうとらえたのか？	
4	自分を 励ます言葉	

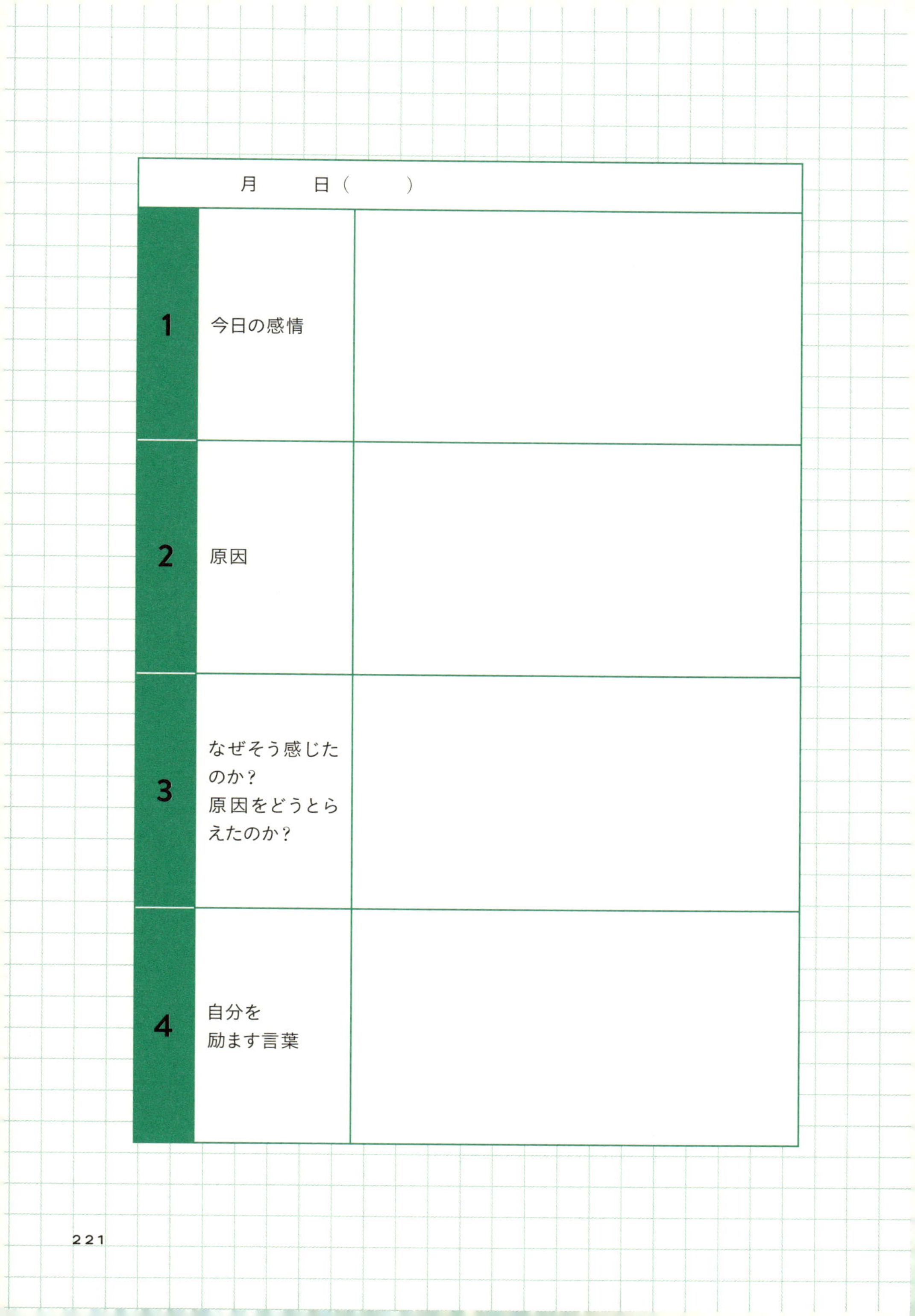

月　　日（　　）

1	今日の感情	
2	原因	
3	なぜそう感じたのか？ 原因をどうとらえたのか？	
4	自分を 励ます言葉	

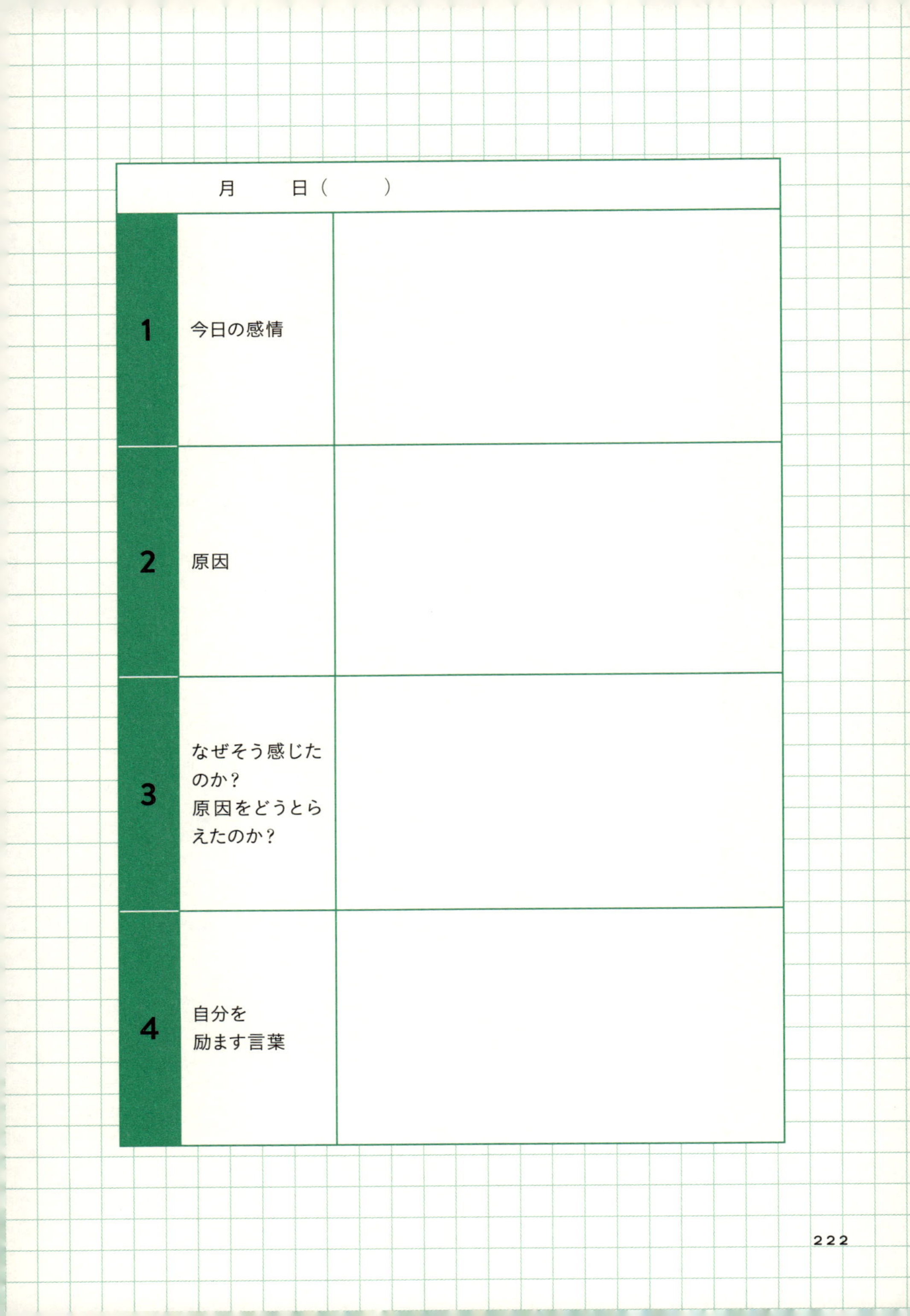

月　　日（　　　）

1	今日の感情	
2	原因	
3	なぜそう感じたのか？ 原因をどうとらえたのか？	
4	自分を 励ます言葉	

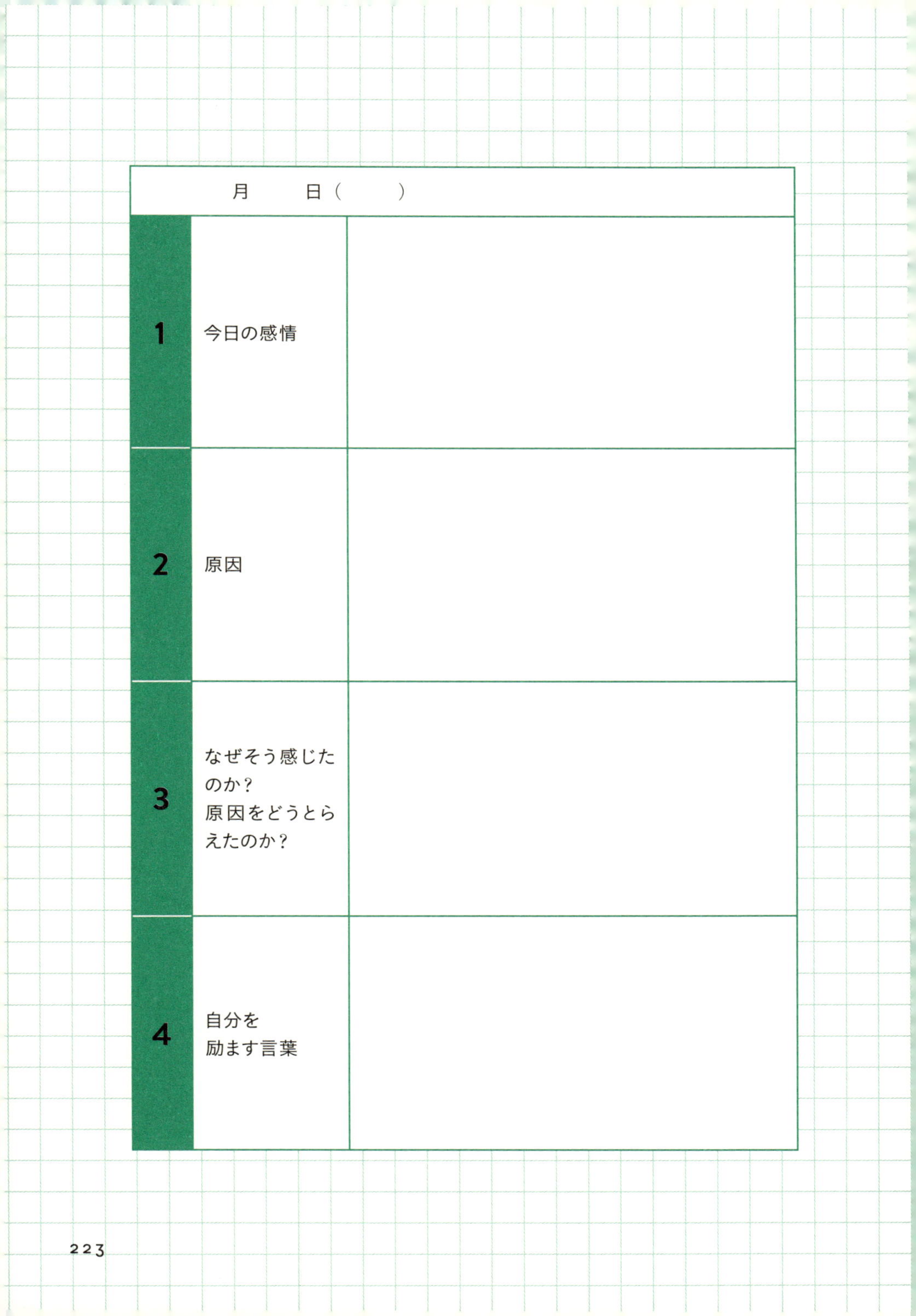

月　　日（　　）

1	今日の感情	
2	原因	
3	なぜそう感じたのか？ 原因をどうとらえたのか？	
4	自分を 励ます言葉	

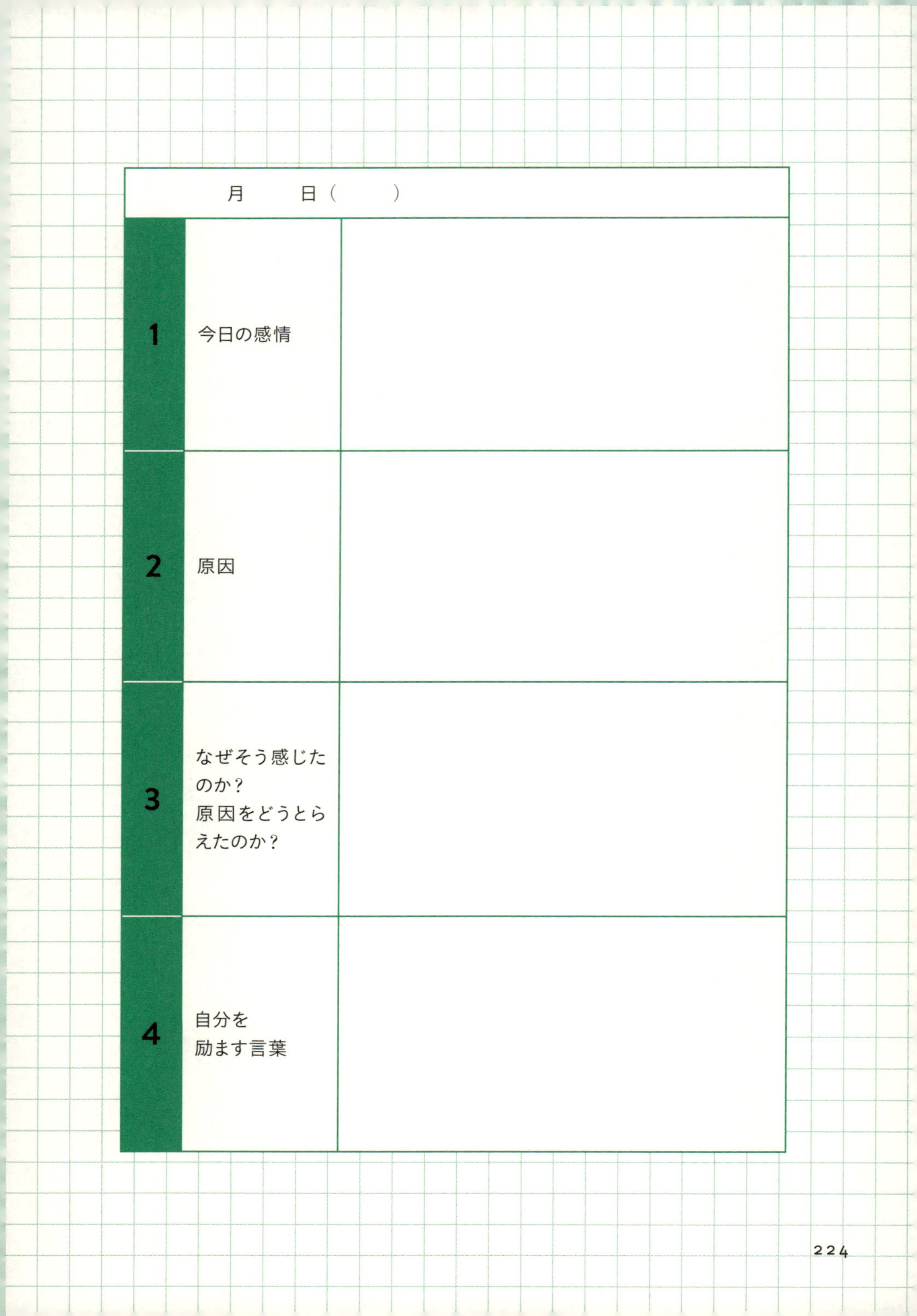

月　　日（　　）

1	今日の感情	
2	原因	
3	なぜそう感じたのか？ 原因をどうとらえたのか？	
4	自分を 励ます言葉	

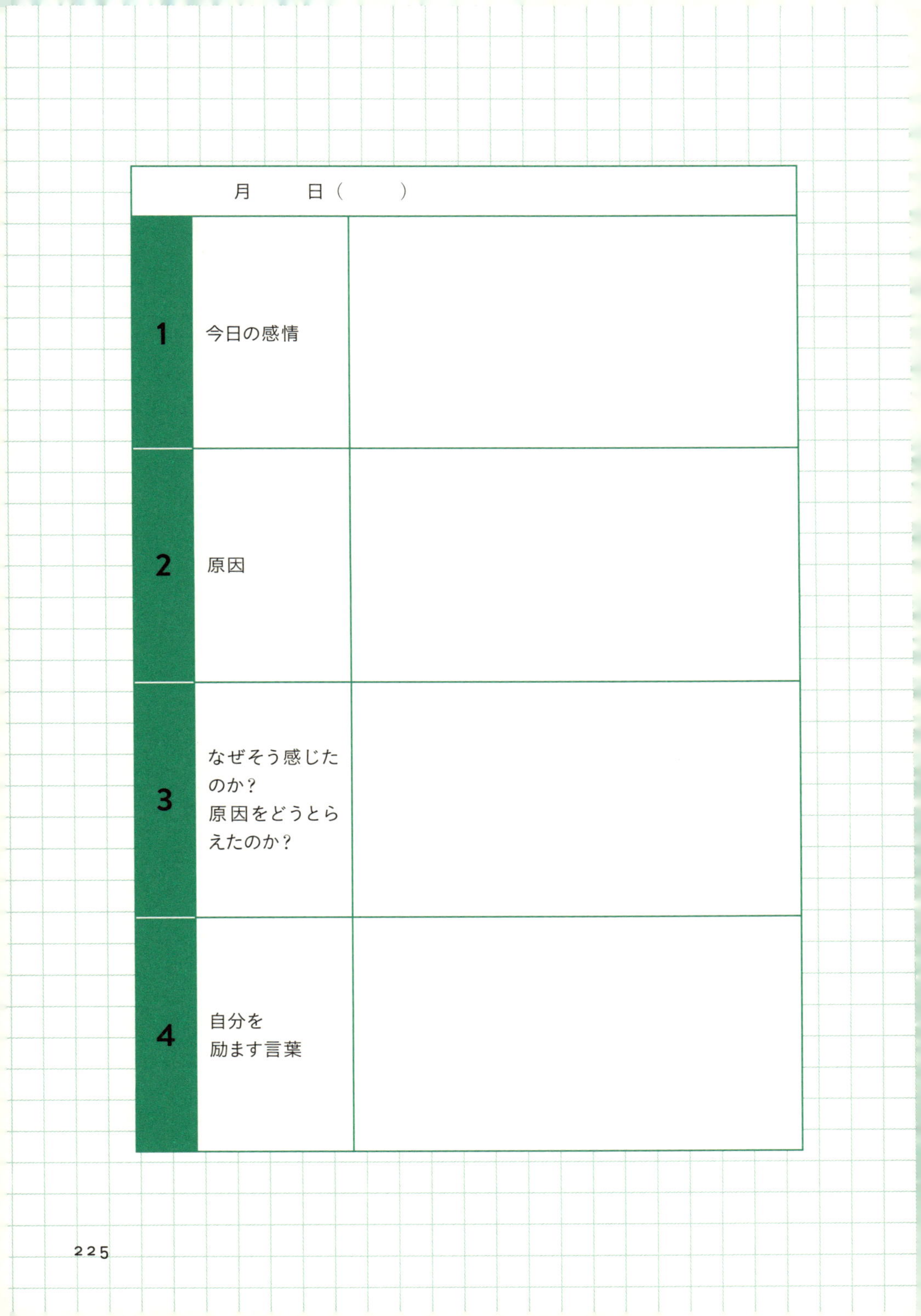

月　　日（　　）		
1	今日の感情	
2	原因	
3	なぜそう感じたのか？ 原因をどうとらえたのか？	
4	自分を 励ます言葉	

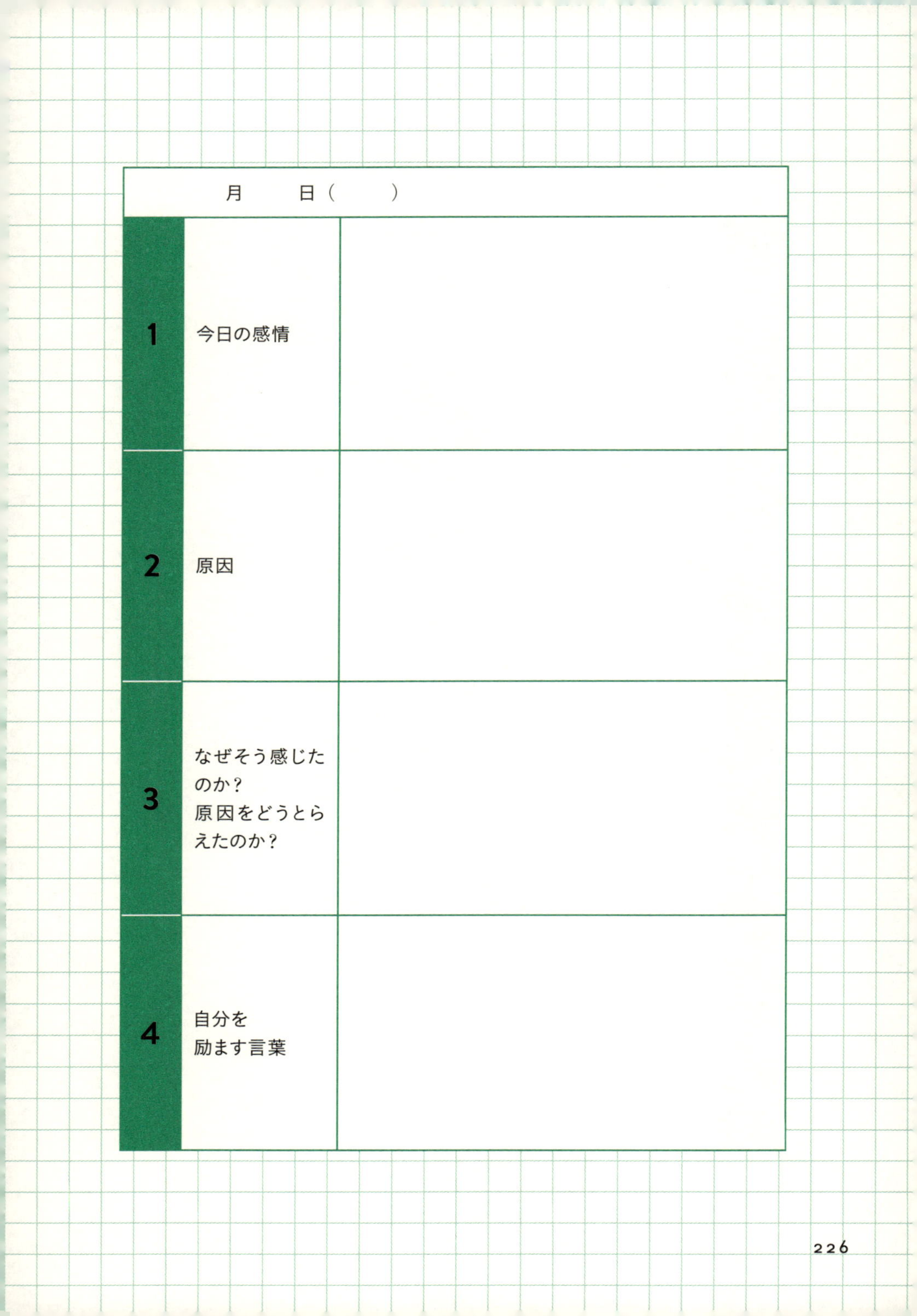

月　　日（　　）		
1	今日の感情	
2	原因	
3	なぜそう感じたのか？ 原因をどうとらえたのか？	
4	自分を 励ます言葉	

NOTE

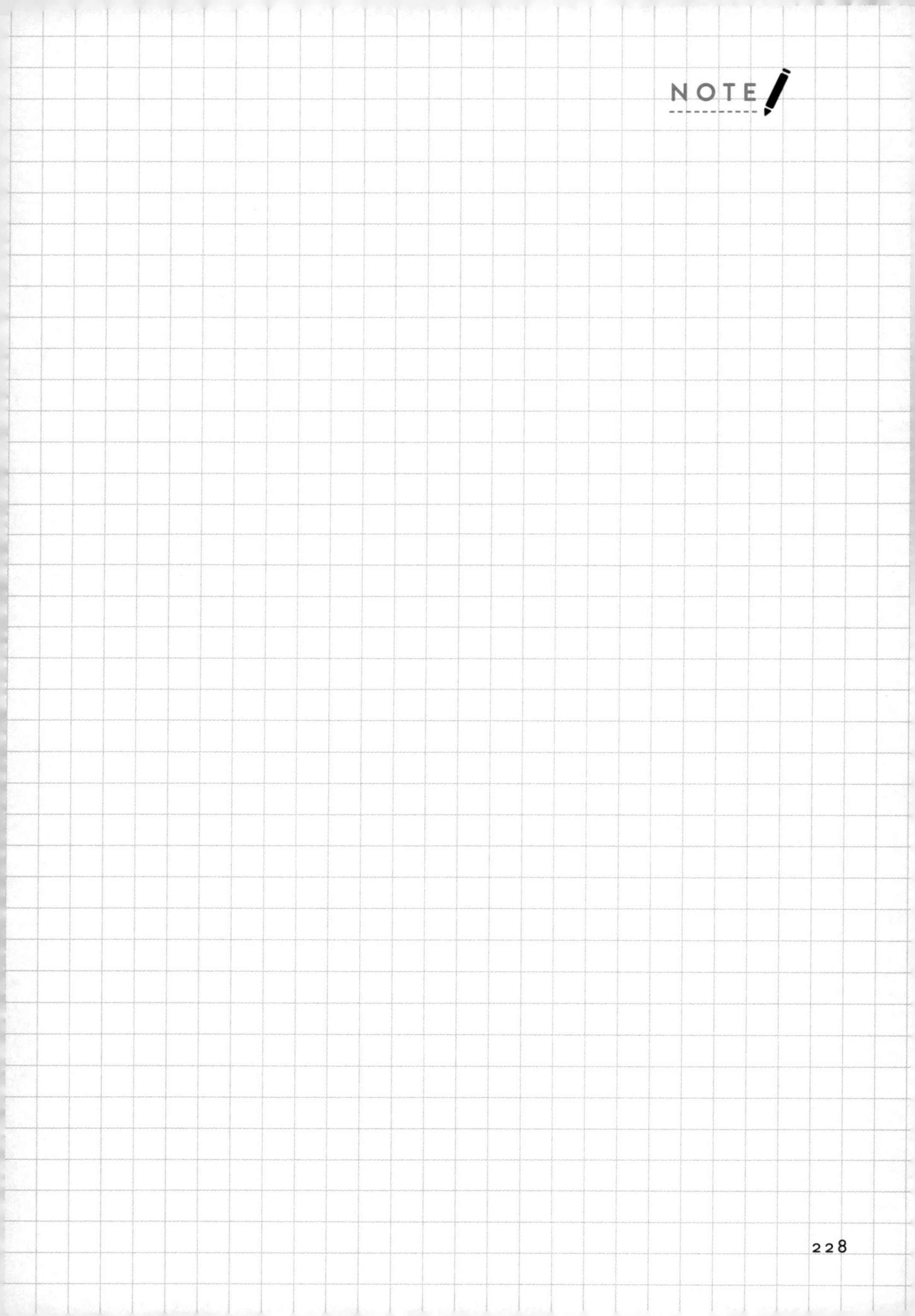
NOTE

おわりに

感情整理。いかがでしたか。

本書では、❶自分の抱えている問題に気づき、❷問題に紐づいている感情に気づき、❸感情に紐づいている思考に気づき、❹それらの気づきから問題解決の行動を選択し実行する——この一連の流れを「言語化」する練習を行いました。このサイクルを回せるようになることが「最強の自分（強くしなやかなメンタルの自分）」をつくりあげていく土台です。

しかし、この土台の構築に手こずる人もいます。

どんなに超一流のトップアスリートでも、感情整理が苦手な人がいます。

これには大きく二つのパターンがあります。ご紹介しましょう。

ひとつは、怒りや焦りや緊張が、試合での平常心に大きく邪魔になっている場合。感受性が高すぎて、感情の整理ができないという意味では、部屋中にちらかっている「感情の数々」をひとつずつ拾って、キレイに畳んで、あるべき場所にきちんと戻すという「感情整理」が必要です。散らかり具合によっては、時間がかかります。

そしてもうひとつは、感情がなさすぎる場合。これは「感情がありすぎ」と同様に厄介です。そもそも人間ですから、感情がないということはありません。しかし、ご本人にとっては「ない」わけです。「感情はよくないもの」と決めてこれまでの人生で感情を押し殺していたという場合は、怒りや悲しみといったマイナス感情が出にくいだけでなく、嬉しいや安心するといったプラス感情さえも気づきにくくなっていたりします。これでは、「本当の自分」の「やる気」や「自信」の構築にも悪影響が出ます。こういう場合には、小さい感情に気づく練習から少しずつ始める必要があるので時間がかかります。

そもそも「感情」は、どんな感情も素晴らしいものです。「感情」には、その人それぞれの「大切な本当の自分」が存在しているからです。だから、本当の自分を、自分がしっかり気づき、認めることで、もっとも効果的な「解決行動」を選べるようになり、結果的に、自分の周囲のさまざまな問題が解決できるのです。解決できるから、自分に自信がつき、人生そのものにやる気が出るのです。

本書でのワークを継続していただくことで、さらに自己探求を重ね、自分ならではの「しなやかなメンタル」をつくってください。

最後に私の大好きな言葉と共に、本書を終わりたいと思います。最後までお読みいただき、ありがとうございました。

Accept yourself as you are right now; an imperfect, changing, growing, and worthy person.

「今の自分を受け入れよう。不完全で、変化し成長している、立派な人間だということを」

なお本書出版にあたり、ご尽力いただきました、ディスカヴァー・トゥエンティワン執行役員の千葉正幸氏、小曽根マネージメントプロの小曽根廣一氏に感謝を申し上げます。

ありがとうございました。

2018年9月

田中ウルヴェ京

人生最強の自分に出会う 7日間ノート

発行日　2018年10月20日　第1刷

Author　田中ウルヴェ京

Illustrator　中尾悠（ultralight）
Book Designer　chicols

Publication　株式会社ディスカヴァー・トゥエンティワン
〒102-0093 東京都千代田区平河町2-16-1 平河町森タワー 11F
TEL 03-3237-8321（代表）　FAX 03-3237-8323　http://www.d21.co.jp

Publisher　干場弓子
Editor　千葉正幸

Marketing Group
Staff　小田孝文　井筒浩　千葉潤子　飯田智樹　佐藤昌幸　谷口奈緒美
古矢薫　蛯原昇　安永智洋　鍋田匠伴　榊原僚　佐竹祐哉
廣内悠理　梅本翔太　田中姫菜　橋本莉奈　川島理　庄司知世
谷中卓　小木曽礼丈　越野志絵良　佐々木玲奈　高橋雛乃

Productive Group
Staff　藤田浩芳　原典宏　林秀樹　三谷祐一　大山聡子　大竹朝子
堀部直人　林拓馬　塔下太朗　松石悠　木下智尋　渡辺基志

Digital Group
Staff　清水達也　松原史与志　中澤泰宏　西川なつか　伊東佑真
牧野類　倉田華　伊藤光太郎　高良彰子　佐藤淳基

Global & Public Relations Group
Staff　郭迪　田中亜紀　杉田彰子　奥田千晶　李瑋玲　連苑如

Operations & Accounting Group
Staff　山中麻吏　小関勝則　小田木もも　池田望　福永友紀

Assistant Staff
俵敬子　町田加奈子　丸山香織　井澤徳子　藤井多穂子　藤井かおり
葛目美枝子　伊藤香　鈴木洋子　石橋佐知子　伊藤由美　畑野衣見
井上竜之介　斎藤悠人　平井聡一郎　宮崎陽子

Proofreader　株式会社T&K　工藤美千代
Printing　日経印刷株式会社

本書へのご意見ご感想は下記からご送信いただけます。
http://www.d21.co.jp/contact/personal

ISBN978-4-7993-2376-2